essentials

essentials liefern aktuelles Wissen in konzentrierter Form. Die Essenz dessen, worauf es als „State-of-the-Art" in der gegenwärtigen Fachdiskussion oder in der Praxis ankommt. *essentials* informieren schnell, unkompliziert und verständlich

- als Einführung in ein aktuelles Thema aus Ihrem Fachgebiet
- als Einstieg in ein für Sie noch unbekanntes Themenfeld
- als Einblick, um zum Thema mitreden zu können

Die Bücher in elektronischer und gedruckter Form bringen das Expertenwissen von Springer-Fachautoren kompakt zur Darstellung. Sie sind besonders für die Nutzung als eBook auf Tablet-PCs, eBook-Readern und Smartphones geeignet. *essentials:* Wissensbausteine aus den Wirtschafts-, Sozial- und Geisteswissenschaften, aus Technik und Naturwissenschaften sowie aus Medizin, Psychologie und Gesundheitsberufen. Von renommierten Autoren aller Springer-Verlagsmarken.

Weitere Bände in der Reihe http://www.springer.com/series/13088

Ricarda Rehwaldt

Glück in Unternehmen

Positive Psychologie für Führung und Organisationsentwicklung

Ricarda Rehwaldt
FELICICON
Berlin, Deutschland

ISSN 2197-6708 ISSN 2197-6716 (electronic)
essentials
ISBN 978-3-658-22760-9 ISBN 978-3-658-22761-6 (eBook)
https://doi.org/10.1007/978-3-658-22761-6

Die Deutsche Nationalbibliothek verzeichnet diese Publikation in der Deutschen Nationalbibliografie; detaillierte bibliografische Daten sind im Internet über http://dnb.d-nb.de abrufbar.

© Springer Fachmedien Wiesbaden GmbH, ein Teil von Springer Nature 2019
Das Werk einschließlich aller seiner Teile ist urheberrechtlich geschützt. Jede Verwertung, die nicht ausdrücklich vom Urheberrechtsgesetz zugelassen ist, bedarf der vorherigen Zustimmung des Verlags. Das gilt insbesondere für Vervielfältigungen, Bearbeitungen, Übersetzungen, Mikroverfilmungen und die Einspeicherung und Verarbeitung in elektronischen Systemen.
Die Wiedergabe von Gebrauchsnamen, Handelsnamen, Warenbezeichnungen usw. in diesem Werk berechtigt auch ohne besondere Kennzeichnung nicht zu der Annahme, dass solche Namen im Sinne der Warenzeichen- und Markenschutz-Gesetzgebung als frei zu betrachten wären und daher von jedermann benutzt werden dürften.
Der Verlag, die Autoren und die Herausgeber gehen davon aus, dass die Angaben und Informationen in diesem Werk zum Zeitpunkt der Veröffentlichung vollständig und korrekt sind. Weder der Verlag noch die Autoren oder die Herausgeber übernehmen, ausdrücklich oder implizit, Gewähr für den Inhalt des Werkes, etwaige Fehler oder Äußerungen. Der Verlag bleibt im Hinblick auf geografische Zuordnungen und Gebietsbezeichnungen in veröffentlichten Karten und Institutionsadressen neutral.

Springer ist ein Imprint der eingetragenen Gesellschaft Springer Fachmedien Wiesbaden GmbH und ist ein Teil von Springer Nature
Die Anschrift der Gesellschaft ist: Abraham-Lincoln-Str. 46, 65189 Wiesbaden, Germany

Was Sie in diesem *essential* finden können

- Aktuelle Forschungsergebnisse zum Thema Zufriedenheit und Glück am Arbeitsplatz
- Die Erkenntnis, dass Glück unabdingbar für Produktivität und Innovation ist
- Ansätze der positiven Psychologie angewandt auf Unternehmenskultur
- Analysemethoden zur Messung des Glücksempfindens bei der Arbeit
- Mehrstufiges Organisationsentwicklungskonzept zur Steigerung des Glücks in Organisationen

Vorwort

Dieses Essential basiert auf der mehrjährigen Forschungsarbeit zu meiner Dissertation *Die glückliche Organisation. Chancen und Hürden für positive Psychologie im Unternehmen* (Springer Gabler Verlag 2017). Meine Ausgangfrage lautete: Warum werden aktuelle wissenschaftliche Erkenntnisse der positiven Psychologie (=Glücksforschung) bis heute kaum in Unternehmen umgesetzt? Zunächst habe ich untersucht, wie Glück in Organisationen überhaupt entsteht, dann im zweiten Schritt ein praxisorientiertes Anwendungskonzept entwickelt. Die hier vorliegende Publikation bietet nun ein übersichtliches Extrakt meiner Forschungsarbeit. Mein Dank gilt den Führungskräften aus unterschiedlichen Branchen, die sich bereit erklärt haben, mir in ausführlichen Interviews zu dem damals noch unkonventionellen Thema Glück in Unternehmen Auskunft zu geben. Heute ist Glück für viele Unternehmen schon eine Selbstverständlichkeit geworden. Ihr Erfolg bestätigt die vorliegenden Forschungsergebnisse.

Ricarda Rehwaldt

Inhaltsverzeichnis

Über die Autorin

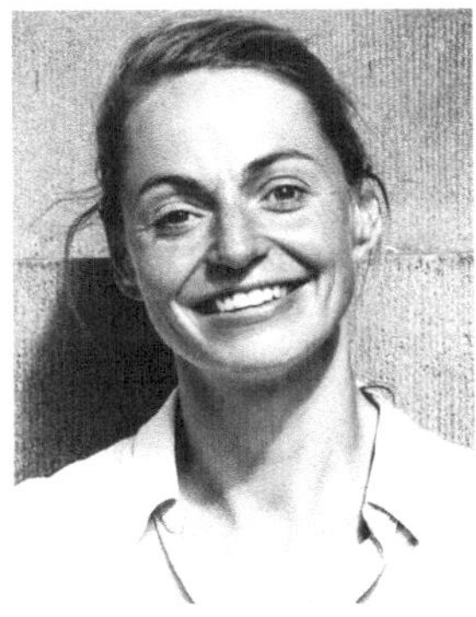

© Andrea Schuster designwort

Dr. Ricarda Rehwaldt hat zum Thema Glück und Arbeit promoviert. Ihre Forschung wurde durch das BCP Deutschlandstipendium gefördert und durch zahlreiche Unternehmen unterstützt. Für den Transfer in die Wirtschaft hat Ricarda Rehwaldt FELICICON gegründet – eine Unternehmensberatung, die speziell zum Thema Glück und Arbeit berät. Derzeit arbeitet sie an der Erweiterung der Skala HappinessAndWork, die Arbeitsglück misst und unter www.happinessandwork.de zur Verfügung steht. In ihrer täglichen Arbeit begleitet sie Vorstände, Führungskräfte und Teams als systemischer Coach. Als Hochschuldozentin gibt sie ihr Wissen an Studierende weiter. Im Springer Gabler Verlag ist von Ricarda Rehwaldt in der Reihe Research bereits das Buch „Die glückliche Organisation“ erschienen.

1 Einleitung

Ob Menschen bei ihrer Arbeit glücklich sind, hat bislang weder Forschung noch Wirtschaft interessiert. Im Fokus stand die Zufriedenheit der Mitarbeitenden. Glück galt als Privatsache. Die wirtschaftlichen Entwicklungen der letzten Jahre – Fachkräftemangel, der Anstieg psychischer Erkrankungen wie Burn-out, der hohe Anteil sogenannter innere Kündigungen – deuten allerdings darauf hin, dass die Orientierung an der Zufriedenheit ein psychologischer und ökonomischer Irrweg ist.

Die meisten Menschen verbringen acht bis zehn Stunden täglich mit Erwerbsarbeit. Viele geben in Umfragen an, mit ihrem Job zufrieden zu sein. Dennoch steigt die Zahl der Arbeitnehmer, die sich psychisch belastet fühlen. Die Krankenkasse DAK verzeichnete von 2008 bis 2015 einen Zuwachs von fast 14 % an psychischen Erkrankungen bei Arbeitnehmern und einen Anstieg des Medikamentenkonsums zur Stressbewältigung am Arbeitsplatz. 2014 klagten bereits 37 % aller Arbeitnehmer über Burn-out-Symptome (BPtK 2012). Diese Entwicklung schädigt nicht nur die Mitarbeitenden selbst, sondern fügt auch den Unternehmen gravierende wirtschaftliche Schäden zu (siehe Abb. 1.1).

Wie lassen sich diese Belastungen mindern? Glück in Unternehmen steht hier für einen vielversprechenden neuen Ansatz, bei dem Sinnempfinden, Selbstverwirklichung und Gemeinschaft im Vordergrund stehen. Ein stärkerer Fokus auf positive Emotionen und Glück kann Unternehmen und deren Mitarbeitenden helfen, den steigenden Herausforderungen am Arbeitsplatz zu begegnen. Denn Glück ist – anders als Zufriedenheit – kein passiv-statischer, sondern ein aktiv-dynamischer Zustand. Glück spornt Menschen an und schützt sie zugleich vor psychischen Erkrankungen.

© Springer Fachmedien Wiesbaden GmbH, ein Teil von Springer Nature 2019
R. Rehwaldt, *Glück in Unternehmen*, essentials,
https://doi.org/10.1007/978-3-658-22761-6_1

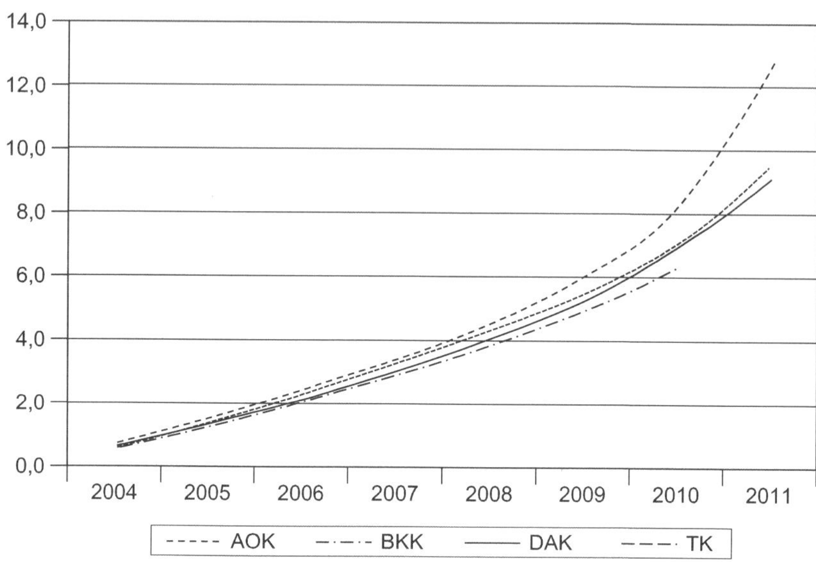

Abb. 1.1 Arbeitsunfähigkeitstage aufgrund von Burn-out 2004–2011. (BPtk 2012)

Dieses Buch bietet einen kurzen und prägnanten Einstieg in das Thema Glück in Unternehmen und macht zugleich den Transfer in den Arbeitsalltag systematisch nachvollziehbar. Es richtet sich vorrangig an Menschen, die in ihrem Beruf täglich mit Personalverantwortung zu tun haben. Das Buch unterstützt sie bei der Umsetzung neuster wissenschaftlicher Erkenntnisse in die Praxis. Das in Kap. 4 vorgestellte Konzept zur Organisationsentwicklung richtet sich vor allem an das gehobene Management, da Führungskräfte auf dieser Ebene nicht nur durch personelle, sondern auch durch institutionelle Führung gestalten können.

„Glück in Unternehmen" gliedert sich in zwei Teile. Im ersten Teil (Kap. 2 und 3) werden zunächst die Bedingungen für Glück am Arbeitsplatz und die Effekte von Glücksempfinden erläutert. Im zweiten Teil (Kap. 4) folgt eine Anleitung, wie Glück in Unternehmen systematisch gesteigert werden kann. Ziel ist es, auf diesem Weg die Lebensqualität alle Arbeitnehmer zu erhöhen – und zugleich den Unternehmen zu mehr Produktivität und Innovationskraft zu verhelfen.

Wie entsteht Glück in Unternehmen? 2

Glück und Zufriedenheit, ist das eigentlich das Gleiche? Ich habe diese Frage im Zuge meiner Forschungsarbeit immer wieder gestellt: an Mitarbeitende, an Führungskräfte, an Geschäftsführende und Vorstandsvorsitzende. Und egal, in welcher Branche meine Interviewpartner arbeiteten, welche Hierarchiestufe sie bereits erklommen hatten oder welchem Geschlecht sie angehörten – die Antwort lautete stets: Nein.

Aber wo genau liegt der Unterschied zwischen den beiden Begriffen, die im Alltag oft in einem Atemzug genannt werden?

Zufriedenheit wurde im Zusammenhang mit Arbeit bereits in den 1920er Jahren untersucht. Heute gibt es kaum einen Arbeitnehmer, der nicht mindestens schon eine Umfrage zu seiner Arbeitszufriedenheit ausgefüllt hat. Führungskräfte assoziieren mit Mitarbeiterzufriedenheit in der Regel Themen wie Arbeitsbedingungen und die Höhe der Gehaltszahlung. Doch offensichtlich reicht die Fokussierung auf die Zufriedenheit im 21. Jahrtausend nicht mehr aus, um dem zunehmenden Druck durch Rationalisierung, Digitalisierung und Globalisierung standzuhalten.

Denn Zufriedenheit spiegelt nicht, ob es Menschen mit ihrer Arbeit wirklich gut geht. Zufriedenheit entsteht vielmehr durch eine Übereinstimmung der Erwartung mit den tatsächlichen Gegebenheiten. Forschungen zeigen, dass Zufriedenheit sogar dann noch besteht, wenn die Erwartungen nicht erfüllt werden. Um einen Zustand von Zufriedenheit zu erreichen, senken Arbeitnehmer nämlich ihr Anspruchsniveau so lange ab, bis ihre Erwartungen wieder erfüllt sind. In der Wissenschaft ist dieses Phänomen als „resignative Arbeitszufriedenheit“ bekannt (Bruggemann 1974). Diese zeigt sich in Aussagen wie: „Meine Arbeit ist zwar nicht ideal, aber schließlich könnte sie noch schlimmer sein.“ Oder: „Es bleibt mir nichts anderes übrig, als mich mit den Gegebenheiten abzufinden“ (Baumgartner und Udris 2006, S. 190).

© Springer Fachmedien Wiesbaden GmbH, ein Teil von Springer Nature 2019
R. Rehwaldt, *Glück in Unternehmen*, essentials,
https://doi.org/10.1007/978-3-658-22761-6_2

Wie verhält es sich dagegen mit Glück im Kontext von Arbeit? Zahlreiche Forschungen belegen: Glück wird nicht durch materielle Güter, durch Gehalt oder durch andere extrinsische Faktoren erzeugt. So zeigt Easterlin in seinem Paradox, dass die Erhöhung des BIP nicht automatisch zu einer Steigerung des Glücks einer Nation führt. Statussymbole wie Häuser, Autos, höhere Löhne lösen sogar eher eine Art Wettrüsten aus. Neid und gesellschaftliche Unzufriedenheit sind häufig die Folge.

Grundsätzlich wird in der Glücksforschung zwischen intrinsischer und extrinsischer Motivation unterschieden. Extrinsisch motiviertes Verhalten erfolgt, weil die Realisierung eines Handlungsziels belohnt wird. Das entspricht dem klassischen Modell der Konditionierung (Kirchler 2005, S. 321 f.). Belohnungen können Lob, Anerkennung, Beförderung, Karriereaussichten und Gehalt sein. Zufriedenheit tritt ein, wenn die Belohnungen den Erwartungen der Mitarbeitenden entsprechen.

Intrinsische Motivation dagegen liegt in der Genugtuung, die durch die Handlung selbst erlebt wird. Die Tätigkeit oder das Endprodukt sind die eigentliche Belohnung und motivieren zu weiteren Aktivitäten. Intrinsische Motivation beschreibt den inneren Wunsch, eine bestimmte Aufgabe auszuführen. Glück in der Arbeit wird durch aktives Handeln erreicht (Rehwaldt 2017).

► Glück entsteht durch intrinsisch motivierte Aktivitäten, während Zufriedenheit durch die erwartete Belohnung extrinsisch motivierter Tätigkeiten eintritt.

Dabei setzt sich organisationales Glück aus einer affektiven und einer kognitiven Komponente zusammen. Die affektive Komponente beschreibt die Emotion in einem bestimmten Moment, während die kognitive Komponente eine Bewertung der affektiven Glücksmomente im Hinblick auf Häufigkeit und Intensität darstellt. Auf dieser Basis entwickeln Mitarbeitende ihre zukünftigen Glückserwartungen (Rehwaldt 2017). Anders gesagt: Wer schon mehrmals Glück bei der Arbeit erlebt hat, rechnet innerlich fest damit, dass das gute Gefühl auch wiederkommt.

Das in vielen Unternehmen bisher etablierte Konzept der Arbeitszufriedenheit beschreibt dagegen einen Zustand, der aus der nüchternen Bewertung der eigenen Arbeit im Hinblick auf Soll-Ist-Divergenzen entsteht und durch äußere Umstände wie erwartete Belohnungen gelenkt werden kann. Arbeitszufriedenheit ist somit eine relativ statische und auf Kompromissen basierende Emotion und bietet keinen Lösungsansatz für die aktuell bestehenden Herausforderungen in den Unternehmen. Es ist vielmehr ein fundamentales Umdenken nötig: weg vom Stillstand der Zufriedenheit, hin zur Dynamik des Glücks. Denn innere Kündigung und

Dienst nach Vorschrift zeigen deutliche wirtschaftliche Konsequenzen: Trotz objektiv „guter" Arbeitsbedingungen bleibt das Engagement der Mitarbeitenden aus. Eine zufriedene Organisation kann zwar reibungslos und spannungsarm funktionieren, sich aber nicht in der erforderlichen Geschwindigkeit den Entwicklungen des Marktes anpassen. Insgesamt wird ein solches Unternehmen immer hinter seinen Möglichkeiten zurückbleiben. Ressourcen werden vergeudet, weil zufriedene Mitarbeitende nicht ihr volles Leistungsspektrum entfalten. Zwangsläufig wird die zufriedene Organisation von Wettbewerbern überholt.

Glück in Organisationen ist dagegen ein erstrebenswerter und idealer Zustand, der sich durch Dynamik, intrinsische Motivation, übertroffene Erwartungen und Aktivität auszeichnet. Organisationales Glück bietet deshalb für Unternehmen die gesunde Basis, um ihre angestrebten Ziele zu verwirklichen.

> Organisationales Glück beschreibt einen positiv-emotionalen Zustand eines Individuums, einer Gruppe oder einer Organisation, der durch intrinsisch motivierte, aktive und selbstbestimmte Tätigkeiten entsteht. Wie jede starke Emotion zeichnet sich der Glückszustand durch hohes „Ansteckungspotenzial" aus.

2.1 Erste Bedingung für Glück: Sinnempfinden

> Wenn ich jetzt elf, zwölf Stunden [...] bei der Arbeit verbringe, dann möchte ich dem ein bisschen Sinn geben, dann möchte ich da tatsächlich einen Wert, einen Nutzen erkennen. ‚Sinn' ist ein starkes Wort, aber ich glaube, darum geht es, eine Sinnhaftigkeit zu erkennen (Herr H., Vice President, Dienstleistung).

Die Bedeutung von Arbeit variiert individuell. Trotzdem ist die Erfahrung, etwas Sinnvolles für ein Unternehmen beziehungsweise für die Gesellschaft zu leisten, für die meisten Arbeitnehmer enorm wichtig (Kirchler 2011, S. 801). Daher nimmt die Arbeitstätigkeit für viele Menschen eine zentrale Stellung im Leben ein, da sie „jenes Feld" darstellt, „auf dem die Einzigartigkeit eines Individuums in Beziehung zur Gemeinschaft steht und so Sinn und Wert bekommt" (Frankl 2005, S. 167).

Umgekehrt führen Sinnlosigkeit und innere Leere zu Minderwertigkeitsgefühlen und im schlimmsten Falle zu seelischen Erkrankungen. Oft manifestiert sich das Gefühl von Sinnlosigkeit in Langeweile und Gleichgültigkeit. Depressive klagen häufig über die Empfindung völliger Sinnlosigkeit des eigenen Daseins. Sinnverlust ruft typische Burn-out-Emotionen hervor. Je schwerer das Burn-out, desto gravierender der Sinnverlust. Im Umkehrschluss ist Sinnempfinden eine Bedingung für Glück (Rehwaldt 2017). Glück kann also einen Beitrag leisten, um Burn-out und Depressionen zu verhindern.

Es besteht eine enge Wechselwirkung zwischen Glück und Sinnempfinden. Denn Begeisterung für ein Ziel oder eine Aufgabe ist schlicht nicht möglich, ohne dass Menschen gleichzeitig Sinn empfinden. In Unternehmen kann Begeisterung als Ausdrucksform von Selbstverwirklichung und Sinn verstanden werden (Meller und Ducki 2002, S. 101). 76 % aller Mitarbeitenden bezeichnen den Sinngehalt der eigenen Arbeit als äußerst wichtig.

Was ist Sinnempfinden? Sinnerfüllung bei der Arbeit ist „eine individuelle Erfahrung von Bedeutsamkeit, Zielorientierung, Zugehörigkeit und Kohärenz in Bezug auf Persönlichkeit und Lebenseinstellungen im Rahmen der aktuellen Arbeitstätigkeit“. Sie entsteht durch „kognitive Bewertung der gesamten Arbeitssituation hinsichtlich ihrer Kongruenz mit der eigenen Persönlichkeit, eigenen Lebensbedeutungen, Werten und Zielen“ (Schnell et al. 2012, S. 93).

Anders als man vermuten könnte, ist Sinnempfinden dabei nicht abhängig von der intellektuellen Herausforderung einer Aufgabe. Isaksen (2000) stellt fest, dass das Empfinden von Sinn bei der Fließbandarbeit zwar schwieriger, aber dennoch möglich ist und zeigt verschiedene Wege auf, die zur Sinnstiftung beitragen. Dazu gehören einerseits Zugehörigkeitsgefühle und andererseits die Gewissheit, dass die eigene Arbeit ein wichtiger Bestandteil innerhalb eines größeren Zusammenhangs ist. Sinnempfinden ist also sowohl in Berufen mit hohen, als auch in Berufen mit niedrigen geistigen Anforderungen möglich. Gleichzeitig zeigt sich, dass der Grad der geistigen Anforderungen einer Tätigkeit nicht ausschlaggebend für organisationales Glück ist.

Wie entsteht Sinn in Unternehmen? Ausschlaggebend für die Sinnkonstruktion in Unternehmen ist erstens die Kommunikation über die Bedeutung des angestrebten Ziels, zweitens die kommunikative Einbettung der Aufgaben in einen Gesamtkontext sowie drittens eine Übereinstimmung der Werte der Mitarbeitenden mit den Zielen und Werten des Unternehmens.

Die Bedeutung des Ziels kommunizieren: Um Sinn zu empfinden, ist für Mitarbeitende eine Information über die Bedeutung des Ziels nötig. In Unternehmen besteht ein Ziel in der Regel aus einem Ergebnis und einer Zeitvorgabe, in der das gewünschte Ergebnis zu erreichen ist. Das allein erzeugt kein Sinnempfinden. Eine Bedeutung wird für die Mitarbeitenden nur erkennbar, wenn auch ein übergeordnetes Ziel kommuniziert wird. Wichtig ist dabei, dass das übergeordnete Ziel den persönlichen Werten der Mitarbeitenden nicht widerspricht. Diskrepanzen zwischen Ziel und persönlichen Werten verhindern das Sinnempfinden. Passen Werte und Ziel hingegen zusammen, ist eine Identifikation möglich und Sinn entsteht.

Einbettung von Teilzielen in einen Gesamtkontext: Das Empfinden von Sinn kommt zustande, wenn sich Mitarbeitende als integrale Bestandteile eines großen Ganzen fühlen können. Als „großes Ganzes" wird in der Regel ein höheres Ziel verstanden, das erreicht werden soll. Dies kann die Vision des Unternehmens sein, an deren Umsetzung langfristig auf unterschiedlichen Ebenen gearbeitet wird.

Stimmigkeit (Kohärenz) von Werten und Zielen: Kohärenz beschreibt, in welchem Maße ein Individuum ein überdauerndes und dennoch dynamisches Gefühl der Zuversicht beziehungsweise des Vertrauens hat. Die Welt wird dann als zusammenhängend und sinnvoll erlebt (Antonovsky und Franke 1997, S. 34 ff.). Sinnempfinden entsteht, wenn eine Person die an sie gestellten Anforderungen als Herausforderungen betrachtet, die den Einsatz und die Investition von Energie wert sind. Kohärenz besteht nach Antonovsky aus drei Bestandteilen: Sinn, Bewältigbarkeit und Verstehbarkeit. Sinnempfinden führt nicht nur zur psychischen und psychosozialen Gesundheit, sondern zu Glück. In Anlehnung an Aristoteles könnte man es so formulieren: Menschen möchten „ein gutes Leben führen, um Höheres anzustreben."

▶ Sinn entsteht für Mitarbeitende durch die individuelle Einschätzung, einen unverzichtbaren Teil zu einem großen und bedeutungsvollen Ziel beizutragen, sowie durch die emotionale und kognitive Übereinstimmung (Kohärenzgefühl) mit den Aufgaben, Zielen und Rahmenbedingungen ihres Unternehmens.

2.2 Zweite Bedingung für Glück: Selbstverwirklichung

> Arbeit ist nicht nur eine notwendige Tätigkeit, um irgendwo Geld zu verdienen, um leben zu können, natürlich ist Arbeit auch immer Selbstverwirklichung (Herr I., Geschäftsführer, Werbung).

Seit Maslow 1954 seine Bedürfnispyramide veröffentlichte, ist der Einfluss der Selbstverwirklichung auf das menschliche Befinden allgemein anerkannt. Maslows Verdienst war es, die Aufmerksamkeit auf das Thema Selbstverwirklichung zu lenken und Anstöße für Arbeitsgestaltung und Mitarbeitendenführung zu geben.

Jeder Mensch, unabhängig von seinem Bildungsgrad, strebt nach Selbstverwirklichung. Selbstverwirklichung gilt daher als eine der stärksten Motivquellen am Arbeitsplatz. Glück wiederum ist nicht nur ein subjektives Wohlgefühl, sondern stellt sich ein, wenn Menschen ihre individuellen Stärken und Wesenszüge entfalten können. Dieses Gefühl entsteht, wenn Mitarbeitende ihre Fähigkeiten und Talente einsetzen, eigene Ideen einbringen und sich beständig weiterentwickeln können.

Gleichzeitig erhöht der Einsatz persönlicher Stärken und Talente im Beruf die Wahrscheinlichkeit eines Erfolgs – und der wiederum führt zu positiven Emotionen wie Stolz und Freude. Ein sich selbst verstärkendes System entsteht! Außerdem werden die Anzahl und Intensität der positiven Emotionen während der Arbeitszeit retrospektiv bewertet. Je häufiger und intensiver diese Phasen erlebt werden, desto intensiver werden sich Mitarbeitende langfristig an ihre Glücksgefühle erinnern.

Die Bedeutung der Selbstverwirklichung für das Glücksempfinden zeigt sich auch in dem neueren Flow-Konzept: „Glücksgefühle widerfahren uns nicht einfach – entgegen dem was die meisten Menschen glauben. Vielmehr sind sie etwas, das wir geschehen machen und das sich daraus ergibt, dass wir unser Bestes geben…“ (Csikszentmihalyi 2004, S. 56). Im Flow befinden sich Mitarbeitende dann, wenn sie sich ganz in eine Aufgabe vertiefen und darüber beispielsweise die Zeit vergessen. Nur wenn die Aufgabe herausfordernd ist, werden Serotonin und Adrenalin ausgeschüttet und Flow kann entstehen (siehe Abb. 2.1). Das Flow-Erlebnis wird, während es andauert, eher als emotionslose, tiefe Konzentration wahrgenommen. In der retrospektiven Betrachtung aber ist der Zustand äußerst positiv besetzt. Flow macht glücklich – und wer ihn erlebt hat, will ihn wieder erleben.

Können jedoch die eigenen Fähigkeiten nicht eingesetzt werden, ist ein Flow-Erlebnis nicht möglich. „Wo die Chancen gering sind, Flow zu erleben, sind die Leute mürrisch, bewegen sich langsam und schleppend, sehen niedergeschlagen und abgespannt aus. In einer flow-förderlichen Umgebung dagegen sind ihre Bewegungen leicht und ausgreifend, in den Hallen herrscht ein heiterer Ton, und man blickt in lächelnde Gesichter“ (Csikszentmihalyi 2004, S. 154).

Wie entsteht Selbstverwirklichung in Unternehmen? In Unternehmen entsteht für Mitarbeitende immer dann der positive Eindruck, dass sie sich selbst verwirklichen können, wenn sie erstens ihre eigenen Ideen umsetzen, zweitens ihre persönlichen Stärken einsetzen und drittens ihre individuellen Potenziale weiterentwickeln können.

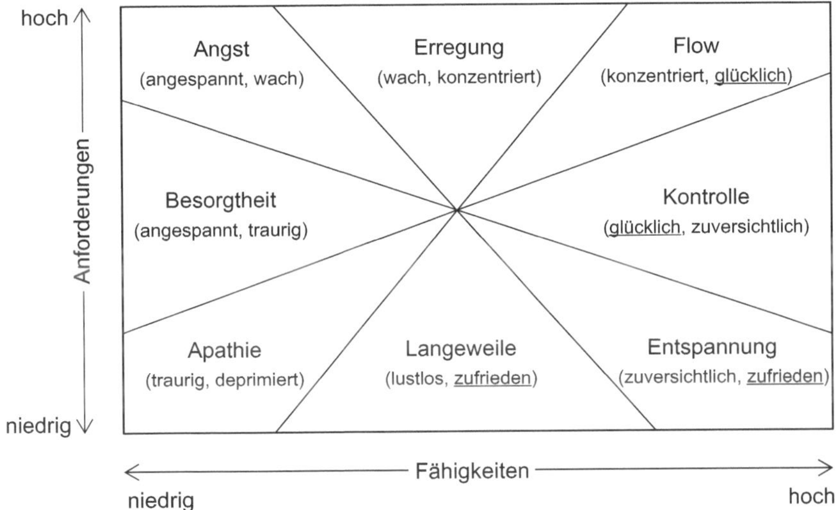

Abb. 2.1 Emotionen in Relation zu Anforderungen und Fähigkeiten einer Aufgabe. (Csikszentmihalyi 2004, S. 100)

Umsetzung eigener Ideen: Selbstverwirklichung hängt eng mit der Realisierung eigener Ideen zusammen, denn diese enthalten immer auch persönliche Ideale und Überzeugungen. Kaum etwas „heizt" die intrinsische Motivation von Mitarbeitenden mehr an. Durch die innere Überzeugung steigt die emotionale Bindung (den Mitarbeitenden liegt ein Projekt buchstäblich „am Herzen") und das Engagement. Konnte eine eigene Idee erfolgreich verwirklicht werden, entsteht ein Glücksgefühl. Aussagen wie „Diese Tätigkeit bereitet mir größtes Vergnügen" spiegeln das Glücksempfinden.

Einsatz persönlicher Stärken: Selbstverwirklichung ist nur möglich, wenn persönliche Stärken und Fähigkeiten zum Einsatz gebracht werden. Das Ausschöpfen angeborener Talente (die Mitarbeitenden holen sozusagen „das Beste aus sich raus") ermöglicht außerordentliche Leistungen. Die Wahrscheinlichkeit eines Erfolgserlebnisses erhöht sich dadurch massiv. So können die Betreffenden nicht nur Fremd-, sondern oft sogar ihre Selbsterwartungen übertreffen. Vor allem letzteres lässt Glücksgefühle entstehen. Erfolge wiederum bestärken Mitarbeitende in dem Glauben, etwas bewegen zu können. Menschen empfinden sich auf diese Weise als selbstwirksam.

Eigene Potenziale weiterentwickeln: Selbstwirksam und aktiv sind Mitarbeitende, wenn sie gestellte Aufgaben aufgrund eigener Kompetenzen selbstständig erfolgreich ausführt. Die Psychologen Deci und Ryan betonen in ihrer Theorie der Selbstbestimmung, Menschen würden nachhaltig glücklich, wenn sie aus freien Stücken die von ihnen präferierten Tätigkeiten ausüben (Deci und Ryan 2000, S. 68 ff.). Waterman befragte 600 Studierende und fand heraus, dass Glück dann entsteht, wenn Menschen ihre individuellen Potenziale verwirklichen (Waterman et al. 2008, S. 41 ff.). Für Unternehmen bedeutet das, dass die Förderung und Weiterentwicklung der Stärken der Mitarbeitenden im Vordergrund stehen sollte – und nicht deren Schwächen.

Darüber hinaus behindert das individuelle Streben nach Selbstverwirklichung nicht – wie häufig von Führungskräften befürchtet – die Umsetzung von übergeordneten Unternehmenszielen. Das Gegenteil ist der Fall, denn Mitarbeitende versuchen freiwillig ihre Ziele zu integrieren. Die Ermöglichung von persönlicher Selbstverwirklichung steht deshalb keineswegs im Konflikt, sondern sogar ausdrücklich im Einklang mit den wirtschaftlichen Interessen eines Unternehmens.

▶ Selbstverwirklichung wird empfunden, wenn unter Verwendung der persönlichen Stärken eigene Ideen umgesetzt und Potenziale weiterentwickelt werden können. Selbstverwirklichung verbindet sich dabei mit dem Gefühl der Selbstwirksamkeit.

2.3 Dritte Bedingung für Glück: Gemeinschaftsgefühl

> Das hat sehr viel zu tun mit dem, dass wir das Gefühl haben, wir machen etwas gemeinsam oder wir ziehen am selben Strang. Oder wir haben dieselbe Idee von etwas (Frau E., Managerin, Bildungswesen).

Der Wunsch nach sozialer Zugehörigkeit gehört zu den fundamentalen menschlichen Antriebskräften. Bereits Maslow betonte in seiner Hierarchie der Bedürfnisse die Bedeutung sozialer Kontakte. Im Falle eines Mangels, also bei Nichtbefriedigung, konzentriert sich die Motivation auf die Beseitigung der emotionalen und sozialen Einsamkeit. „In der positiven Psychologie unterstreicht jeder Beweis, jede Theorie, die Bedeutung anderer Menschen für unser Glück und unsere Gesundheit" (Peterson 2011, S. 16).

Gemeinschaft entsteht, wenn gemeinsam ein übergeordnetes Ziel angestrebt wird, das die Mitglieder einer Gruppe vereint (Rehwaldt 2017, S. 104). „Andere Menschen wirken angstreduzierend, ermöglichen eine Bewertung der empfundenen

Emotionen durch soziale Vergleiche und dienen als Quelle der Informationsgewinnung“ (Hosser 2006, S. 212). Weitere Effekte des sozialen Kontakts konnten durch Forschungen zum Gruppenverhalten gezeigt werden. Durch die Mitgliedschaft in einer Gruppe reduziert sich die Unsicherheit. Mitglieder einer Gruppe fühlen sich stärker, haben weniger Selbstzweifel und können Bedrohungen besser standhalten. Gruppen machen außerdem einen wichtigen Teil der sozialen Identität aus. Neben diesen Effekten spielt das Gefühl der Zugehörigkeit eine entscheidende Rolle für das Glücksempfinden (Rehwaldt 2017, S. 104).

Entgegen der weitverbreiteten Annahme, Glück sei individuell verschieden, ist Glück nämlich ein Gemeinschaftsgefühl. Glücksgefühle können in einer Gemeinschaft verstärkt werden. Besonders deutlich wird das am Beispiel von jubelnden oder trauernden Fußballfans: Die Einigkeit der Werte sorgt für ein ausgeprägtes Gefühl der Kohärenz, für eine emotional-kognitive Stimmigkeit. Damit rückt auch die Bedeutung des Altruismus für Glück in den Vordergrund: „Eine Strategie glücklicher Menschen besteht darin, wenig an Glück und wenig an sich selbst zu denken, was kontraintuitiv erscheint, aber empirisch abgesichert ist.“ (Abbe et al. 2003, S. 394).

Wie kann Gemeinschaft in Unternehmen gefördert werden? Die Interaktion am Arbeitsplatz bildet für die meisten Menschen die wichtigste Quelle der Befriedigung ihrer Zugehörigkeitsbedürfnisse. Die Glücksforschung weiß bereits recht viel darüber, welche konkreten positiven Effekte des sozialen Kontakts für den Glücksanstieg verantwortlich sind: Unterstützung, Anerkennung und positive Stimulation durch andere Menschen – all das macht glücklich. Außerdem konnten Psychologen einen Anstieg der Selbstwirksamkeit und der Hoffnung nachweisen.

Eine Gemeinschaft funktioniert dann, wenn die Mitglieder eigene Interessen und Wünsche zugunsten des übergeordneten Gemeinschaftsziels zurückstellen. Das Gefühl, ein fester Bestandteil einer Gemeinschaft zu sein („Die brauchen mich“) und als Mitglied für diese Gemeinschaft Bedeutung zu haben („Ich leiste einen wichtigen Beitrag“), ist für organisationales Glücksempfinden daher unbedingt erforderlich. Die drei entscheidenden Faktoren lauten: Wir-Gefühl, Interaktion mit anderen, Zusammenhalt und Vertrauen.

Das Wir-Gefühl: Um sich zugehörig zu fühlen, werden gemeinsame Werte definiert. Dadurch wird eine kognitiv-emotionale Stimmigkeit also eine Kohärenz in Bezug auf Werte, Gruppennormen oder gemeinsame Ziele ermöglicht. Gemeinschaftsgefühl zeigt sich im gemeinsamen Arbeiten an einem übergeordneten Ziel. Erfolge des Teams und die gemeinsame Freude darüber führen einerseits dazu, das Erreichte durch gegenseitiges Lob zu potenzieren („Das machst du gut!“). Zum anderen verstärkt sich so das Zusammengehörigkeitsgefühl („Wir haben gemeinsam was gerissen!“). Beides wirkt sich positiv auf das Glücksempfinden aus.

Interaktion in der Gemeinschaft: Da der Mensch ein soziales Wesen ist, braucht er die Anerkennung und Bestätigung durch seine Mitmenschen. Interaktion und Kommunikation sind unabdingbar. In einer funktionierenden Gemeinschaft wird der verbale Austausch über das gemeinsame Projekt und das Feedback zur eigenen Leistung als angenehm empfunden.

Zusammenhalt und Vertrauen: Eine Gemeinschaft bietet Sicherheit. Das Vertrauen in die Kollegen und in den Zusammenhalt der Gemeinschaft vermittelt Verlässlichkeit und Kontinuität. Dieses Kohärenzgefühl ermöglicht den Ausgleich vorübergehender Schwächen der Gemeinschaft, wirkt positiv auf die Bereitschaft zur Konfliktlösung und lenkt den Blick auf das gemeinsame Ziel.

▶ Gemeinschaft entsteht durch ein Zugehörigkeitsgefühl, die Interaktion und den Zusammenhalt der Mitglieder sowie deren Ausrichtung auf ein gemeinsames, transzendentes Ziel.

2.4 Zusammenfassung der Glücksbedingungen

Es gibt drei Bedingungen für Glück in Unternehmen – Sinn, Selbstverwirklichung und Gemeinschaft (siehe Abb. 2.2).

Sinn empfinden Mitarbeitende, wenn sie sich als Teil eines großen Ganzen fühlen. Wenn sie einen Beitrag zu einem übergeordneten Ziel leisten oder wenn sie aus ihrer Sicht etwas Gutes tun, das der Gesellschaft oder anderen Menschen nützt. Selbstverwirklichung meint, dass eigene Fähigkeiten und Talente zum Einsatz kommen, dass Mitarbeitende sich beständig weiterentwickeln und persönliche Ideen einbringen dürfen. Gemeinschaft beschreibt den Zustand, wenn

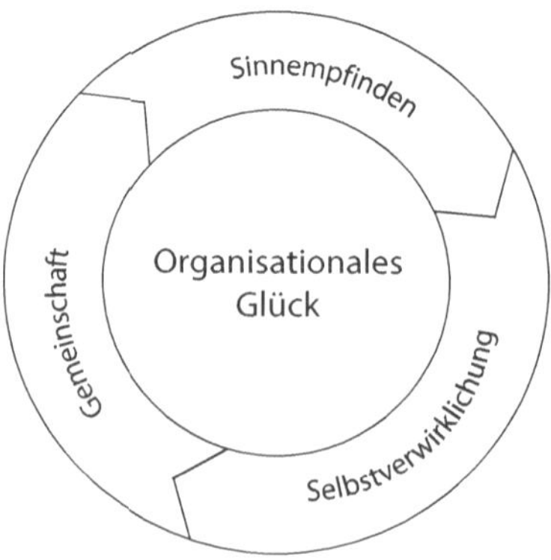

Abb. 2.2 Bedingungen für Glück in Unternehmen. (Rehwaldt 2017)

Menschen im Team auf etwas hinarbeiten und sich über dieses Ziel miteinander verbunden fühlen. Durch Interaktion und Kommunikation wird dabei Vertrauen aufgebaut; das einzelne Mitglied fühlt sich sicher und zugehörig.

Für Unternehmen entsteht mit Blick auf diese Bedingungen eine neue Perspektive der Mitarbeitendenführung. Dazu müssen Führungskräfte und Unternehmen Konzepte zur Ermöglichung von Selbstverwirklichung im beruflichen Kontext und Überlegungen zur Kommunikation von transzendenten Zielen entwickeln. Auch die Erzeugung von Sinn sollte nachhaltig in der Unternehmenskommunikation verankert werden. Für Personaler eröffnen sich außerdem neue Blickwinkel auf Teamkonstellationen und Mitarbeitendenauswahl. Hier braucht es praxistaugliche Tools und Prozesse, die die persönlichen Stärken und Potenziale der einzelnen Mitarbeitenden sichtbar machen.

Vor allem aber zeigt die Glücksforschung, dass dringend ein Umdenken in Bezug auf Belohnungssysteme notwendig ist. Denn der Unterschied zwischen Glück und Zufriedenheit ist groß: Zufriedenheit entsteht, wenn die erbrachte Arbeitsleistung den Erwartungen entspricht. Glück stellt sich ein, wenn Mitarbeitende über sich hinauswachsen und stolz auf ihre außergewöhnlichen Leistungen zurückblicken können. Gleichzeitig gibt es eklatante Unterschiede in der Motivation. Während Zufriedenheit extrinsisch, etwa durch höheres Gehalt, erzeugbar ist, entsteht Glück durch intrinsisch motivierte Handlungen. Gleichzeitig verstärkt Glück die intrinsische Motivation.

Für Unternehmen stellt sich daher die Frage, ob die Mitarbeiterzufriedenheit weiterhin ein Ziel der Personalpolitik sein sollte, wenn damit weder dem „Dienst nach Vorschrift“-Problem noch Massenphänomenen wie Depression und Burnout etwas entgegengesetzt werden kann und die Leistung der Mitarbeitenden insgesamt im erwarteten, mittelmäßigen Bereich stagniert. Besonders in Hinblick auf die zunehmende Dynamisierung der Märkte und dem ständig steigenden Wettbewerbsdruck scheint das Konzept der Arbeitszufriedenheit überholt zu sein.

3 Effekte von Glück im Unternehmen

> Das ist, wenn man früh eigentlich schon gerne hingeht – fröhlich pfeifend – dann Aufgaben erledigt oder mit anderen was plant und dann nachmittags zufrieden oder auch darüber hinaus und begeistert, über das, was man geschafft hat, wieder nach Hause geht (Frau G., Projektleiterin, IT-Branche).

Warum sollten Unternehmen Glück steigern wollen? Welche Effekte erwarten Mitarbeitende, Führungskräfte und die gesamte Organisation durch Glück in ihrem Unternehmen?

Tatsächlich gibt es eine Fülle beeindruckender wissenschaftlicher Befunde: Glückliche Mitarbeitende sind gesünder und leben länger; sie sind lernfähiger und kreativer; sie sind erfolgreicher im Beruf und haben bessere soziale Beziehungen (vgl. Bucher 2009, S. 136 ff.). Es zahlt sich für Unternehmen aus, auf das Glück der Belegschaft zu achten, denn glückliche Mitarbeitende sind auch kontaktfreudiger. Kunden, Kollegen und Vorgesetzte profitieren von ihrer Aufgeschlossenheit.

Darüber hinaus haben glückliche Mitarbeitende mehr Energie, sind bereit sich zu engagieren, zeigen eine höhere Effektivität bei Entscheidungen, haben bessere Beurteilungen, beziehen ein höheres Gehalt, neigen zu Pünktlichkeit, weisen weniger Krankheitstage auf und zeigen eine ausgeprägte Hilfsbereitschaft gegenüber den Kollegen (Diener und Biswas-Diener 2008, S. 85). Weiterhin gibt es einen engen Zusammenhang zwischen Glück und psychischer Gesundheit. Glück reduziert das Stresshormon Kortisol deutlich und hilft sogar gegen Stress.

Glück in Unternehmen zeigt sich auf vielfältige Weise: im Umgang mit Konflikten, im allgemeinen Arbeitsklima und in der Ausstrahlung der Mitarbeitenden. Die Bindung an das Unternehmen wächst, denn glückliche Mitarbeitende haben geringere Wechselabsichten als unglückliche. Führungskräfte bestätigen, dass glückliche Mitarbeitende kreativer sind und mehr Begeisterung zeigen, was wiederum Innovationen fördert.

© Springer Fachmedien Wiesbaden GmbH, ein Teil von Springer Nature 2019
R. Rehwaldt, *Glück in Unternehmen*, essentials,
https://doi.org/10.1007/978-3-658-22761-6_3

Auch intrinsische Motivation und Eigeninitiative nehmen deutlich zu. Dies ist auf einen höheren Grad an Identifikation mit der Aufgabe und dem Unternehmen zurückzuführen. Insgesamt kommt es zu einer Steigerung der Leistung.

3.1 Erster Glückseffekt: Erhöhte Identifikation

Bisher war die Maximierung positiver Emotionen kein primäres Unternehmensziel, sondern – wenn überhaupt als Ziel definiert – eher Mittel zum Zweck. Unternehmensziele werden aber besser, effektiver und effizienter erreicht, je höher die Identifikation der Führungskräfte und Mitarbeitenden mit dem Unternehmen ist. Glückliche Mitarbeitende fühlen sich mit ihrem Unternehmen und dessen Zielen, mit ihrem Team und ihrer Aufgabe verbunden. Wie stark sich Mitarbeitende mit ihrer Tätigkeit und dem Unternehmen identifizieren, wird von den Bedingungen des Glücks – Sinn, Selbstverwirklichung und Gemeinschaft – determiniert.

Sinnempfinden wird, wie bereits ausgeführt, durch die Übereinstimmung der Werte und der persönlichen Ziele des Mitarbeiters mit denen der Organisation möglich. „Das Ausmaß der Identifikation mit dem Unternehmen ist eine Frage der persönlichen Wertüberzeugungen" (Fischer und Wiswede 2009, S. 6), denn Mitarbeitende sind nicht identisch mit ihren Rollen und Funktionen. Differenzen zwischen persönlichen Werten und der eigenen Rolle innerhalb der Organisation führen zu einer niedrigeren Identifikation mit dem Unternehmen und dessen Zielen (Gräser und Graser 2013, S. 200). Dies wird insbesondere bei jüngeren Mitarbeitern deutlich, die sich insgesamt weniger mit ihrem Unternehmen identifizieren (Badura et al. 2012, S. 148). Differenzen zwischen den Werten, die ein Unternehmen durch seine (älteren) Führungskräfte prägt, und den Werten, die die (jüngeren) Mitarbeitenden mitbringen, erschweren die Identifikation.

Dass Mitarbeitende sich mit ihrem Unternehmen identifizieren, wird immer dann deutlich, wenn sie als freiwilliger und kostenloser „Markenbotschafter" auftreten und das Unternehmen und seine Produkte loben. Arbeitnehmer, die mit ihrem Unternehmen emotional eng verbunden sind, empfehlen dieses zehnmal häufiger als potenziellen Arbeitgeber an Freunde und Bekannte weiter (vgl. Gallup 2014).

Die Identifikation mit der eigenen Aufgabe im Unternehmen manifestiert sich im persönlichen Einsatz und der Bereitschaft des Mitarbeiters, alle vorhandenen Ressourcen einzusetzen, um die Aufgabe zum bestmöglichen Ergebnis zu bringen. Durch Weiterbildung von Mitarbeitenden und die Verlagerung der Tätigkeiten hin zur Wissensarbeit können Sinnempfinden und Identifikationspotenzial gesteigert werden. „Die Identifikation des Mitarbeiters mit der Aufgabe macht den Unterschied zwischen Pflichterfüllung und ambitionierter bis exzellenter Leistung" (Schrader 2013).

3.2 Zweiter Glückseffekt: Gesteigerte Kreativität

Glück ist die Grundvoraussetzung für Kreativität. Nur eine positive Grundstimmung ermöglicht die Offenheit, die Kreativität braucht. Unter Kreativität werden hier kognitive Prozesse verstanden, die zu einer originellen und adaptiven Einsicht, einer Idee oder Lösung führen (Runco 1994, S. 11 ff.). Kreativität in Unternehmen besteht aus einer originären Leistung, nämlich dem Einbringen neuer Ideen, die den Arbeitsfluss beschleunigen und die Produktivität erhöhen (Wright und Walton 2003, S. 21 ff.).

Kreativität führt zu neuartigen Lösungen, somit steigen die Innovationsfähigkeit des Unternehmens und seine Wettbewerbsfähigkeit am Markt. Die Förderung der Kreativität birgt daher wirtschaftliches Potenzial – und sie ist über eine Steigerung positiver Emotionen (Glück) zu erreichen. Glück kann einen entscheidenden Beitrag zur Kreativitätssteigerung und zum Innovationsgrad eines Unternehmens leisten.

Die Effekte von positiven Emotionen auf Kreativität wurden in zahlreichen Experimenten untersucht. Diese zeigen, dass Personen in froher Stimmung häufiger und schneller zu Lösungen kommen als Personen, deren Stimmung neutral ist. Arbeitszufriedenheit als erkennbar neutralerer Gemütszustand führt deshalb nicht zu den gleichen kreativen Leistungen wie Glück (vgl. Rehwaldt 2017). Zufriedenheit bremst Innovationen sogar aus (Schulte 2005, S. 64). Mitarbeiterzufriedenheit ist deshalb im Wettkampf um Marktführerschaft kein erstrebenswerter Zustand.

Der Psychologe Fredrickson sieht den evolutionären Zweck positiver Emotionen in der Vergrößerung der angeborenen geistigen, körperlichen und zwischenmenschlichen Ressourcen. Durch positive Stimmung weitet sich der geistige Horizont. Der Mensch wird auf diese Weise offen für neue Ideen und Erfahrungen (Fredrickson 1998, S. 300 ff.). Deshalb gilt Kreativität – im Umkehrschluss – auch als Indikator für glückliche Mitarbeitende. Kreativität zeigt sich in neuen Ideen und innovativen Lösungsvorschlägen, die durch Mitarbeitende eigeninitiativ erbracht werden. Glückliche Mitarbeitende fördern damit insgesamt die Innovationsfähigkeit des Unternehmens. Für Führungskräfte ist es deshalb absolut sinnvoll, positive Emotionen zu fördern.

3.3 Dritter Glückseffekt: Intrinsische Motivation

Glückliche Mitarbeitende weisen eine hohe intrinsische Motivation auf. Diese Motivation entsteht aus den Mitarbeitenden selbst, ohne gezielte äußere Anreize. Intrinsische Motivation der Mitarbeitenden wird von Führungskräften häufig als zentraler Aspekt beim Recruiting benannt – und sie ist auch zwingend notwendig, um die Qualität zu erreichen, die Kunden von einem Unternehmen erwarten.

Organisationales Glück ist eine wichtige Bedingung für das Entstehen von intrinsischer Motivation. In der positiven Psychologie werden drei Ausprägungen von Arbeitsmotivation unterschieden: 1. Job Orientation (der Mitarbeitende arbeitet für Geld), Career Orientation (der Mitarbeitende mag Teile seiner Arbeit, sehnt sich nach Urlaub) und Calling Orientation (Arbeit ist Berufung, Mitarbeitende geht in seiner Tätigkeit auf) (Seligman 2009, S. 267 f.).

Insbesondere die letztgenannte Gruppe, die Berufenen, zeichnen sich durch hohe intrinsische Motivation aus. Sie stellen sich ihre Aufgaben selbst, führen zusätzliche Aufgaben aus, die ihren vorgegebenen Arbeitsrahmen überschreiten; sie setzen sich für andere Mitarbeitende ein und ergreifen selbst Initiative (Diener und Biswas-Diener 2008, S. 72). Sie sind damit für Unternehmen als sogenannte High-Performer einzustufen. In der Unternehmensrealität sind lediglich ein Drittel der Angestellten Berufene, also High-Performer (Wrzesniewski et al. 1997, S. 21 ff.).

Können Mitarbeitende sich in ihrer Organisation selbst verwirklichen, steigt ihre intrinsische Motivation und gleichzeitig ihr Glücksempfinden. Denn das Gefühl von Berufung wird nur erreicht, wenn individuelle Stärken täglich in der Arbeit zum Einsatz gebracht werden (Seligman 2009, S. 277). Das Endziel einer Handlung ist in diesem Fall die Tätigkeit selbst und die erbrachte Leistung (Kirchler 2005, S. 325 f.). Dadurch wird die Selbstwirksamkeitserwartung gesteigert, die wiederum den Selbstwert und die intrinsische Motivation des Mitarbeiters erhöht (vgl. Bandura 1997). Außerdem gilt: Je höher die Eigenverantwortung, desto höher ist das freiwillige Arbeitsengagement (Bierhoff et al. 2012, S. 87).

Trotz dieser zahlreichen wissenschaftlichen Erkenntnisse galt intrinsische Motivation bisher als schwer steuerbar und schwierig zu erzeugen (Frey und Osterloh 2000, S. 25). Aus diesem Grund wurde in der Vergangenheit häufig auf die deutlich leichter zu steuernde extrinsische Motivation zurückgegriffen. Dabei ist für Führungskräfte und Unternehmen eine professionelle Förderung intrinsischer Motivation existenziell. Insbesondere da die Steigerung von Motivation über extrinsische Faktoren einem ‚Fass ohne Boden' gleicht und eher die Neidkultur fördert – nicht aber die positiven Emotionen oder Glücksgefühle.

3.4 Vierter Glückseffekt: Emotionale Bindung

Unter emotionaler Bindung wird die Anzahl und Intensität der Beziehungen zu Personen oder Gruppen innerhalb der Arbeit verstanden und das Ausmaß an Verlusten, wenn soziale Netze (die Gemeinschaft) aufgegeben werden müssen (Mitchell et al. 2001, S. 1103). Als Indikatoren für eine hohe Bindung an ein Unternehmen gelten zum Beispiel geringe Fluktuation und ein niedriger Krankenstand. Mitarbeitende mit hoher emotionaler Bindung weisen um 57 % geringere Fehlzeiten auf als solche ohne Bindung. Emotionale Bindung ist daher für Unternehmen ein enorm wichtiger Aspekt, da beides – Fluktuation und Krankenstände – die Wirtschaft stark beeinträchtigen. Durch die Abwanderung von Mitarbeitern geht regelmäßig Know-how verloren. Neueinstellungen werden erforderlich, die wiederum hohe Kosten verursachen.

Der Gallup Index schätzt den volkswirtschaftlichen Schaden, der aufgrund der fehlenden emotionalen Mitarbeiterbindung entsteht, auf 70 Mrd. EUR pro Jahr (vgl. Gallup 2014). Über 70 % der Arbeitnehmer weisen demnach lediglich eine geringe emotionale Bindung an ihr Unternehmen auf und leisten Dienst nach Vorschrift. Jeder sechste Beschäftigte hat bereits innerlich gekündigt. Fast die Hälfte aller Mitarbeitenden ohne Bindung ist nach eigenen Aussagen derzeit auf der Suche nach einem neuen Arbeitsplatz.

Glück dagegen erhöht die Bindung des Mitarbeiters an das Unternehmen, denn positive Arbeitsemotionen führen zu Stolz, Freude, Begeisterung und Verbundenheit mit dem Unternehmen (Fuchs 2006, S. 41). Demzufolge hat emotionale Bindung hat eine hohe Relevanz für den Unternehmenserfolg. Organisationales Glück reduziert nicht nur den Krankenstand und die Fluktuation, sondern führt zu nachhaltiger Bindung. Es kann somit einen wichtigen Beitrag zur Reduzierung des Dienst-nach-Vorschrift-Phänomens und der inneren Kündigungen leisten und die Leistungsfähigkeit des gesamten Unternehmens maßgeblich beeinflussen.

3.5 Fünfter Glückseffekt: Positive Stimmung

Das Empfinden von Glück hat einen gravierenden Einfluss auf die Stimmung innerhalb der Belegschaft. Dies zeigt sich nicht nur im allgemeinen Arbeitsklima, sondern auch in einer geringeren Anzahl von Konflikten. Glück bewirkt eine positive Ausstrahlung und eine positive Tonalität in der Kommunikation und neigt aufgrund seines emotionalen Ansteckungspotenzials zur viralen Verbreitung. Dies wirkt in zwei Richtungen: Zum einen intern, durch ein angenehmes Arbeitsklima, das von Kollegialität und Hilfsbereitschaft geprägt ist. Zum anderen extern, im Umgang mit Kunden, für die die positive Emotionalität des Unternehmens im Kontakt spürbar wird.

Aber wie genau trägt das Glück zu einem verbesserten Arbeitsklima und einem effektiveren Umgang mit Kunden bei? Zunächst macht Glücksempfinden extrovertierter (Diener und Biswas-Diener 2008, S. 52). Die Mitarbeitenden sind kontaktfreudiger und gehen offener auf Kollegen und Kunden zu. „Ungezwungene Geselligkeit" sowie die „natürliche, vergnügliche Interaktion mit anderen Menschen" (Eysenck 1983, S. 87) zeichnet den glücklichen Menschen aus. Glückliche fallen durch soziale Fertigkeiten, durch Gesprächigkeit und lebendige Gestik auf, während Unglückliche sich ungeschickter verhalten und eher reserviert auftreten (Sandviket al. 1993, S. 317 ff.). Diese Unterschiede im Verhalten werden durch Führungskräfte bei Beobachtung ihrer Mitarbeitenden bestätigt (vgl. Rehwaldt 2017).

Zwei der stärksten Korrelate von Glück sind Selbstwert (Baumeister 2003, S. 1 ff.) und Optimismus (Argyle 2001, S. 141). Denn glückliche Mitarbeitende steuern ihre Gedanken so, dass ihr Selbstwertgefühl nicht geschwächt wird (Seligman 2009, S. 144 f.). Positiv gestimmte Menschen schreiben gute Leistungen ihrer eigenen Kompetenz zu, Menschen mit eher negativer Stimmung gute Leistungen als Zufall oder äußeren Umständen geschuldet betrachten und negative ihrer vermeintlich niedrigen Kompetenz zuschreiben. In der Konsequenz erleben sich Glückliche als kompetent und empfinden ein Gefühl der Zuversicht, anstehende Aufgaben bewältigen zu können, während Mitarbeitende in negativer Stimmung eher zu Überforderung und Resignation neigen (Forgas et al. 1990, S. 809 ff.). Da die Ausstrahlung von Kompetenz und Zuversicht auch im Kundenkontakt wünschenswert ist, erscheint eine Förderung des Glücksempfindens im Unternehmenskontext auch wirtschaftlich äußerst sinnvoll.

Positive Stimmung wird von Führungskräften durchweg mit erhöhter Leistung und Leistungsfähigkeit assoziiert und deshalb als Voraussetzung für Arbeitsengagement betrachtet. Denn glückliche Menschen seien nicht nur selbstsicherer, optimistischer und aufgeschlossener, sondern auch hilfsbereiter (Bierhoff et al. 2006, S. 37 ff.). Außerdem heben Führungskräfte oft den viralen Effekt des Glücklichseins hervor. Die positive Grundstimmung glücklicher MitarbeiterInnen überträgt sich auf andere Mitarbeitende und beeinflusst auch deren Stimmung.

Diese emotionale Ansteckung basiert auf der Verstärkung der eigenen Emotion durch die Wahrnehmung der Emotionen anderer. Die Imitation von Ausdrucksverhalten, also der Körperhaltung, der Stimmlage und der Mimik, erzeugt wiederum Emotionen (Neumann und Strack 2000, S. 211 ff.). Bereits die Beobachtung eines lächelnden Kollegen löst kongruentes Verhalten, also ein Nachahmen aus. Der Beobachtende beginnt ebenfalls zu lächeln. Die virale Verbreitung führt unter anderem zu emotionaler Konvergenz von Stimmungen in Arbeitsgruppen (Totterdell et al. 1998, S. 1504 ff.). So kann durch das Glück Einzelner ein positives Arbeitsklima entstehen, das sich auf die Motivation aller Gruppenmitglieder auswirkt (Barsade 2001, S. 644 ff.).

3.6 Sechster Glückseffekt: Erhöhte Leistung

Eine positive Stimmung, ein hoher Innovationsgrad, eine ausgeprägte Motivation und eine starke emotionale Bindung sind wesentliche Pfeiler für die Leistungsfähigkeit eines Unternehmens. Wie ausgeprägt diese einzelnen Pfeiler sind, resultiert aus dem Grad der Identifikation mit den Zielen der Organisation, der Aufgabe und dem Team.

Der Engagement-Index zeigt eine Erhöhung der Produktivität der Unternehmen um 21 % und der Rentabilität um 22 % durch emotionale Bindung. Die Abwesenheit (Absentismusrate) sinkt um 37 % und die Anzahl der Arbeitsunfälle halbiert sich (vgl. Gallup 2014). Dabei betrachtet der Engagement-Index lediglich die Effekte emotionaler Bindung. Wenn zusätzlich die Effekte intrinsischer Motivation, höherer Kreativität und positiver Stimmung untersucht würden, läge der Effekt um ein Vielfaches höher.

Darüber hinaus bestätigt die Forschung in einer Vielzahl von Studien die Steigerung der Leistungsfähigkeit durch Glück. Glückliche Menschen lernen schneller (Masters et al. 1979, S. 380 ff.), sie zeigen eine höhere Lesegeschwindigkeit (Forgas und Bower 1987, S. 53 ff.), eine höhere Gedächtnisleistung (Erk 2003, S. 439 ff.) sowie ein besseres räumliches Vorstellungsvermögen (Thomson et al. 2001, S. 248 ff.). Neben einem höheren Durchhaltevermögen zeigen Glückliche bei kognitiven Leistungen insgesamt höhere Geschwindigkeiten.

So stellen glückliche Ärzte doppelt so schnell Diagnosen, da sie leichter zusätzliche Informationen integrieren und weniger stark auf bestimmte Gedanken fixiert sind (Isen et al. 1991, S. 211 ff.). Glückliche Mitarbeitende verbinden Arbeitsschritte effizienter miteinander (Staw und Barsade 1993, S. 304 ff.), treffen Entscheidungen schneller (Isen und Means 1983, S. 18 ff.), addieren schneller (Bryan und Bryan 1991, S. 490 ff.), sind kreativer und weisen deshalb eine hohe Problemlösekompetenz auf (Diener und Biswas-Diener 2008, S. 86).

Führungskräfte, die in positiver Stimmung sind, fällen ihre Entscheidungen schneller, wiederholen verschiedene Varianten seltener und urteilen genauer (Djamasbi et al. 2004, S. 213 ff.). Außerdem wird die Leistungsfähigkeit durch eine verbesserte Gesundheit unterstützt, denn Glückliche haben seltener Probleme, neigen weniger zu Alkoholmissbrauch und sind insgesamt gesünder (Diener und Biswas-Diener 2008, S. 86). Glückliche Mitarbeitende sind erfolgreicher, weil sie extrovertierter, besser ins Team integriert und demzufolge beliebter sind (vgl. Taylor et al. 2003). In der Konsequenz werden sie häufiger unterstützt und gelobt, sind resistenter gegen Stress und leiden seltener unter Burn-out (vgl. Iverson et al. 1998).

3.7 Zusammenfassung der Glückseffekte

Glück in Unternehmen trägt zu einer Erhöhung der Identifikation bei und führt so zu einer Steigerung von Motivation und Kreativität, intensiviert die emotionale Bindung und verbessert die Stimmung innerhalb der Teams.

Für Unternehmen sind das äußerst wünschenswerte Zustände. Denn durch die emotionale Bindung wird zum einen die Fluktuation und somit die Wissensabwanderung minimiert, zum anderen hilft die gesteigerte Kreativität dem Unternehmen, seine Innovationsfähigkeit zu erhöhen und wettbewerbsfähig zu bleiben. Glück hat demzufolge nicht nur eine positive Wirkung auf einzelne Mitarbeitende, sondern auf die Gesamtperformance des Unternehmens.

▶ Organisationales Glück ermöglicht Identifikation, wirkt positiv auf Motivation, Kreativität, Bindung sowie Stimmung und erzeugt darüber einen Leistungszuwachs der Mitarbeitenden.

4 Anleitung für Führungskräfte und Organisationsentwickler in fünf Schritten

Eine Theorie kann ihren Wert nur zeigen, wenn sie in der Praxis Anwendung findet. Im Folgenden wird die Theorie des organisationalen Glücks deshalb in Form von konkreten Handlungsempfehlungen auf den Arbeitsalltag von Unternehmen übertragbar gemacht. Aspekte der Arbeitszufriedenheit (=extrinsische Belohnungssysteme) bleiben dabei bewusst außen vor.

Für organisationales Glück sind, wie bereits ausgeführt, Sinnempfinden, Selbstverwirklichung und Gemeinschaftsgefühl maßgeblich. Organisationen werden dabei nach Nerdinger (2012) als „soziale Systeme“ verstanden, die sich aus Individuen und Gruppen zusammensetzen, gegenüber der Umwelt offen sowie zeitlich relativ stabil sind und sich durch zielgerichtetes Handeln und strukturierte Systeme auszeichnen (S. 22). Auch Unternehmen fallen unter diese Definition.

4.1 Grundlegende Herausforderungen beim Praxistransfer

Für den Praxistransfer ergeben sich verschiedene Herausforderungen. Diese sind: Übersetzung von wissenschaftlicher Sprache in die Sprache des Auftraggebers, realistische Einschätzung der Umsetzungsmöglichkeiten, ein kontinuierlicher Lernprozess sowie die Berücksichtigung von Widerständen und organisationaler Komplexität.

Übersetzung von Wissenschaftssprache in die Sprache des Auftraggebers: Die Übersetzung der abstrakten Sprache der Glücksforschung in die Sprache eines Unternehmens ist ein wesentliches Erfolgskriterium. Nur wenn diese Übersetzung gelingt, können alle Mitarbeitende gleichermaßen erreicht werden – von der obersten Leitungsebene bis zum einfachen Sachbearbeiter. Das im Folgenden vorgestellte

© Springer Fachmedien Wiesbaden GmbH, ein Teil von Springer Nature 2019

R. Rehwaldt, *Glück in Unternehmen*, essentials,
https://doi.org/10.1007/978-3-658-22761-6_4

Vorgehen zur Organisationsentwicklung ist deshalb individuell anpassbar und kann die Besonderheiten jedes Unternehmens in der Kommunikation berücksichtigen.

Realistische Einschätzung der Umsetzungsmöglichkeiten: Eine realistische Einschätzung der Umsetzungsmöglichkeiten bezieht Aspekte der Wirtschaftlichkeit und des Kompetenzwandels ein. Zum einen kann und dürfen Veränderungen zur Steigerung des Glücksempfindens die Wirtschaftlichkeit eines Unternehmens nicht gefährden. Zum anderen muss abgewogen werden, wie eine Organisation entwickelt werden kann, ohne Unternehmen und Mitarbeitende zu überfordern. Der Fokus liegt deshalb auf einem kontinuierlichen Lernprozess auf allen Ebenen. Bewährte Verhaltensweisen und Strukturen, die als positiv wahrgenommen werden und das Glücksempfinden bereits fördern, werden deshalb beibehalten.

Berücksichtigung von Widerständen: Organisationsentwicklung bedeutet Veränderung – auch wenn das Ziel die Steigerung von Glücksempfinden ist. Veränderung ruft häufig auch Widerstände hervor. Diese entstehen durch die subjektive Beeinträchtigung einer Bedürfnisbefriedigung. Durch Gewöhnung verselbstständigen sich Arbeitsabläufe und werden damit zum Bedürfnis der Mitarbeitenden – selbst dann wenn die bisherigen Abläufe nicht zur Steigerung des Glücksempfindens beigetragen haben. Widerstände können auch durch die Unternehmenskultur hervorgerufen werden. Je stärker die bisherige Unternehmenskultur im Widerspruch zu geplanten Veränderungen steht, umso stärker sind die Beharrungstendenzen. Daher werden alle Mitarbeitenden aktiv in das Veränderungsgeschehen einbezogen.

Kontinuierlicher und kooperativer Lernprozess: Langfristige Veränderungen werden durch kontinuierliche Lernprozesse und in kleinen Etappen erreicht. Bereits 1952 konnte Kurt Lewin zeigen, dass Gruppenentscheidungen und Teilnehmeraktivierung dabei die Eckpfeiler für Organisationsentwicklung sind. Deshalb werden die Mitglieder einer Organisation aktiv in das Veränderungsgeschehen einbezogen und erarbeiten z. B. in Workshops gemeinsam Lösungsstrategien. Das hier vorgestellte Vorgehen zur Organisationsentwicklung beinhaltet zusätzlich aufgrund seines modularen Aufbaus die von Lewin empfohlenen „Auftau- und Beruhigungsphasen" (vgl. Schreyögg und Eberl 2015, S. 149).

Berücksichtigung organisationaler Komplexität: Komplexität entsteht aufgrund steigender Diversität, zunehmender Entgrenzung, fortschreitender Globalisierung sowie permanenter Veränderungsprozesse innerhalb eines Unternehmens. „Innovationen, Umstrukturierungen, Unternehmensfusionen, feindliche oder freundliche Übernahmen, Ausgliederungen und Joint Ventures (…) sind an der Tagesordnung" (Rosenstiel und Nerdinger 2011, S. 37). Diese Dynamik mündet oft in Unsicherheit. Zwei Drittel aller von Unternehmen angestrebten Veränderungsprozesse scheitern bisher oder erreichen ihr Ziel nicht. Das liegt auch daran, dass Mitarbeitende nicht für die Veränderungen gewonnen werden konnten. Das hier vorgestellte Managementkonzept berücksichtigt diese Entwicklung und sieht deshalb neben kontinuierlichen Lernprozessen die emotionale Einbindung des gesamten Mitarbeitendenstabes vor.

▶ Der Praxistransfer gelingt, wenn Umsetzungsmöglichkeiten realistisch eingeschätzt, ein kontinuierlicher Lernprozess gestartet sowie mögliche Widerstände von Anfang an mitgedacht werden. Dazu werden alle Mitarbeitenden inhaltlich und emotional „mitgenommen".

Konzepte zur Organisationsentwicklung sind nicht wertungsfrei, sondern beziehen Stellung, um Ziele (Sollwerte) zu bestimmen. Als Sollzustand wird in diesem Fall eine hohe Ausprägung der Bedingungen des organisationalen Glücks – Sinnempfinden, Selbstverwirklichung und Gemeinschaftsgefühl – definiert. Ist eine der drei Bedingungen nicht oder nur geringfügig ausgeprägt, ist das ein Anlass um Maßnahmen zu ergreifen. Es besteht Interventionsbedarf.

Dabei ist das Heranziehen eines externen Beraters aus zwei Gründen wichtig: Zum einen kann ein externer Experte das nötige Wissen aus dem Bereich der positiven Psychologie in ein Unternehmen hineingetragen. Zum anderen bringt der Blick von außen neue Denkansätze mit und ermöglicht so, die eigene Situation mit dem Abstand zu reflektieren. Der Geschäftsführung kommt dabei eine entscheidende Bedeutung zu. Denn wenn die oberste Leitungsebene Veränderungen aktiv unterstützt, kann eine wirklich nachhaltige Steigerung des Glücksempfindens aller Mitarbeitenden im Unternehmen erreicht werden.

Entscheidend für die Steigerung des Glücksempfindens in Unternehmen sind die Konsultierung eines unternehmensexternen Beraters zur Strategie- und Maßnahmenentwicklung, eine enge Kooperation von Mitarbeitern und externen Experten bei der Durchführung sowie die grundsätzliche Offenheit der Geschäftsleitung gegenüber neuartigen Denkansätzen.

4.2 Der konkrete „Fahrplan" für die Organisationsentwicklung

Jedes Unternehmen hat unterschiedliche Bedürfnisse, Strukturen und eine einzigartige Kultur. Im Folgenden wird anhand eines fünfstufigen Konzepts (siehe Abb. 4.1) aufgezeigt, wie Unternehmen vorgehen können, um positive Emotionen und Glücksempfinden zu steigern. Das Phasenmodell beschreibt den

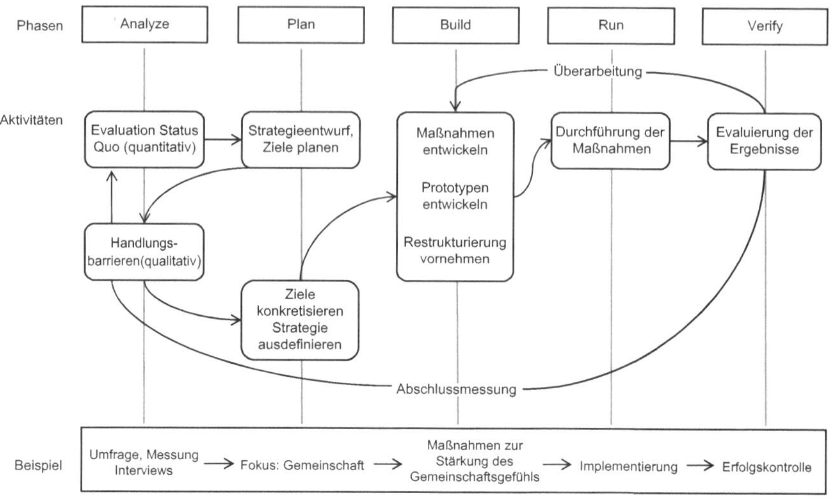

Abb. 4.1 Organisationsentwicklungsmodell zur Steigerung des Glücksempfindens im Unternehmen. (Rehwaldt 2017)

schematisierten Ablauf eines individuell anpassbaren Beratungsprozesses. Das Managementkonzept soll vor allem Führungskräfte, Unternehmenseigentümer, CEOs und Unternehmensberater bei der Integration der Erkenntnisse der Glücksforschung in den Arbeitsalltag unterstützen.

Im ersten Schritt wird eine umfassende Analyse der Ist-Situation vorgenommen (Analyze). Auf dieser Analyse baut die Strategie auf (Plan), um die in der Analyse definierten Ziele zu erreichen. Anschließend werden prototypische Maßnahmen entwickelt (Build), angewendet (Run) und verifiziert (Verify). Wie das Modell verdeutlicht, kann an verschiedenen Punkten eine Rückkehr zu einem vorhergehenden Schritt notwendig werden, um Maßnahmen weiter anzupassen oder Ziele besser spezifizieren zu können. Dieser iterative Prozess ist für den nachhaltigen Erfolg notwendig und deshalb fester Bestandteil des Entwicklungsprozesses.

4.3 Erster Schritt „Analyze": Die Diagnose

Jeder Analyse geht der eigentliche Auftrag voraus. Hier werden die „Leitplanken" für die zukünftige Arbeit aufgestellt. Diese helfen später im Dickicht der Informationen das Ziel im Blick zu behalten. Leitfragen der Auftragsklärung lauten: Warum soll etwas verändert werden? Aufgrund welcher Probleme oder

Beschwerden wird der Prozess initiiert? Welches Ziel wird verfolgt und was ist das Unternehmen bereit dafür einzusetzen?

Ein Fragenkatalog ist sinnvoll, denn im Gespräch können die Informationen über Fakten, Hintergründe und Meinungen, die im Zusammenhang mit der gesuchten Problemlösung stehen, bereits selektiert und verdichtet werden. Welche Ressourcen (Geld, Zeit, Personal) stehen für die angestrebte Organisationsentwicklung zur Verfügung? Anhand der Antworten werden Kosten kalkuliert, der Gesamtaufwand geschätzt und das Budget verhandelt. Am Ende liegt ein schriftlich formuliertes Bild der Ausgangslage vor und der Handlungsrahmen ist abgesteckt. Das Dokument wird unterzeichnet und dient als Auftragsgrundlage.

Der eigentliche Prozess beginnt nun mit einer quantitativen Analyse. Ziel der Analyse ist es, den aktuellen Status quo zu erheben und damit eine sogenannte Nullmessung durchzuführen. Dies ermöglicht zum einen den Vergleich mit anderen Unternehmen. Zum anderen wird anhand dieser Daten später der Erfolg der durchgeführten Interventionen messbar. Die quantitative Analyse zeigt unter anderem die aktuelle Ausprägung von Sinn, Selbstverwirklichung und Gemeinschaft im Unternehmen, gibt Aufschluss über die demografische Zusammensetzung und kann um relevante Kennzahlen (z. B. KPIs) der Organisation ergänzt werden. Es handelt sich um eine onlinebasierte Erhebung, an der alle Mitarbeitenden des Unternehmens teilnehmen.

Eine Kurzform ist als standardisierter Fragebogen unter my.happpinessandwork.de verfügbar. Diese bestimmt anhand einer Likert-Skala die aktuelle Ausprägung der Konstrukte Sinnempfinden, Selbstverwirklichung und Gemeinschaftsgefühl und dauert ca. 10 bis 15 min. Alle Teilnehmer erhalten am Ende der Befragung eine Auswertung ihrer persönlichen Glücks-Ergebnisse. Die Auswertung der quantitativen Erhebung liefert den Ansatz für weitere Analyseschritte und zeigt auf, welche Prioritäten sinnvoll sind.

Quantitative und qualitative Befragungen ergänzen sich Im nächsten Schritt verdichtet eine qualitative Analyse in Form von leitfadengestützten Interviews und Gruppendiskussionen die Erkenntnisse der quantitativen Analyse und ermöglicht die vertiefte Auseinandersetzung mit kulturellen Blockaden, die quantitativ nicht erfasst werden können. Die Auswahl der Interviewpartner integriert idealerweise den zentralen Mitarbeiterstamm, bildet alle Hierarchieebene ab und weist eine gleichmäßige Verteilung hinsichtlich Alter und Geschlecht auf.

Darüber hinaus ist die Dauer der Unternehmenszugehörigkeit bedeutsam. Neue Mitarbeitende sind einerseits sehr sensibel für besondere kulturelle Gepflogenheiten, andererseits noch nicht tief in den Arbeitsalltag integriert. Langjährige Mitarbeitende weisen einen reichhaltigen Erfahrungsschatz auf, haben aber oft keinen objektiv-kritischen Blick mehr. Die vorherrschende Unternehmenskultur wurde schon stark internalisiert. Beide Perspektiven sind daher wertvoll für die Analyse.

Als letzter Schritt in dieser Phase erfolgt eine Sichtung aller relevanten Unternehmenskommunikate – eine sogenannte Situationsanalyse. Ziel der Situationsanalyse ist es, das Unternehmen dort abzuholen, wo es aktuell steht, und gleichzeitig historische Wurzeln und vorausgegangenen Überlegungen einzubeziehen. Auf welche Art und Weise ist das Unternehmen bisher gewachsen und welche inhaltliche Beweglichkeit weist es auf? Sinnvoll für eine Situationsbestimmung sind unter anderem: Unternehmensvision, Leitlinien, verschriftlichte Werte, Markenwerte, Essentials, Führungsleitlinien, Verhaltenskodexe, Weiterbildungsprogramme, Organigramme, Kapazitätenplanungen, Slogans, Webseiten, Wettbewerbsanalysen etc.

In der Praxis hat es sich bewährt, die Analyse an den Ebenen der Organisationsidentität auszurichten. Fünf Themenfelder sind dabei relevant:

Auf der ersten Ebene werden **Unternehmensidentität und Unternehmensvision** fokussiert. Bei Transformationsprozessen müsse diese im Hinblick auf Sinnempfinden neu gedacht werden.

Auf der zweiten Ebene werden **Kultur und Werte** betrachtet. Sie prägen die Entscheidungen, die Handlungen und das Verhalten der Mitarbeitenden.

Die dritte Ebene der Unternehmensidentität bilden die **Fähigkeiten des Unternehmens.** Diese basieren im Wesentlichen auf den Kompetenzen des Managements und stellen den Handlungsspielraum dar, innerhalb dessen Mitarbeitende aktiv werden. Handlungsspielräume sind Teil der Unternehmensidentität und bestimmen zudem den Grad der Selbstverwirklichung.

Auf der vierten Ebene werden **Führung und Verhalten** in den Blick genommen. Im Fokus steht die Frage: Mit welcher Führung wollen wir welches Verhalten erzeugen? Denn zu guter Führung gehört auch, Mitarbeitende zu motivieren und den Fortbestand des Gemeinschaftsgefühls zu gewährleisten.

Die fünfte und letzte Analyseebene betrifft die **Umgebung** des Unternehmens im Markt und die **Unternehmensstruktur.** Letztere ist ein wesentlicher Bestandteil der institutionellen Führung. Die Struktur regelt die arbeitsteilige Erfüllung der Aufgaben und die Beziehung der einzelnen Abteilungen zueinander.

Nach Abschluss der Analyse steht eine stabile Faktenplattform zur Verfügung. Alle Informationen wurden gesammelt, bewertet, gewichtet, komprimiert und in eine Systematik gebracht, die es nun ermöglicht, eine Strategie zu entwickeln.

4.4 Zweiter Schritt „Plan": Zieldefinition und Strategie

Ziel dieser Phase ist die Erstellung eines auf die Bedürfnisse des Unternehmens angepassten Konzepts einschließlich der Planung einer individuellen Strategie zur Steigerung des Glücksempfindens. Zur Einbindung des Topmanagements in den Prozess werden zunächst Workshops durchgeführt, in denen die Bedürfnisse der Mitarbeitenden beleuchtet werden. Darauf aufbauend bietet es sich an, die Unternehmensvision im Rahmen eines weiteren Workshops in den Fokus zu nehmen.

Die Mitarbeitenden und deren Wünsche und Ängste zu kennen ist essenziell. Nur so kann verhindert werden, dass mit viel Aufwand und Elan an den Mitarbeitenden vorbeikommuniziert wird. In diesem Organisationsentwicklungskonzept besteht die Hauptzielgruppe aus allen Mitarbeitenden und unterteilt sich in verschiedene Ebenen wie Geschäftsleitung, Führungskräfte und Mitarbeitende ohne Führungsposition.

Die Schlüsselfunktion nehmen die Führungskräfte ein, da sie einerseits selbst Mitarbeitende sind und andererseits eine Senderfunktion haben. Sie sind die wichtigsten Multiplikatoren. Wenn diese Gruppe die Veränderungen mitträgt, kann ein Umdenken erfolgreich angestoßen werden. Gleichzeitig sind Führungskräfte mit ihrem Verhalten immer auch Vorbilder. Daher ist es für die Geschäftsleitung von besonderer Bedeutung, die Führungskräfte nicht nur argumentativ, sondern auch persönlich und emotional mitzunehmen.

Zielgruppe definieren, Ziele gewichten Der erste Schritt ist die Definition der Ziele. Hier hilft ein Blick auf die Auftragsklärung. Was war vereinbart? Was wollte der Kunde erreichen? Welches konkrete Problem wollte er lösen, indem er das Glücksempfinden steigert? Im ersten Schritt werden diese Ziele noch einmal gesammelt und mit den Analysen und den Differenzen der Soll-Ist-Zustände abgeglichen. Im zweiten Schritt werden die Ziele priorisiert. Nicht alle Ziele sind gleichermaßen wichtig, deshalb werden sie in einer Zielhierarchie gewichtet. Im dritten Schritt werden die Ziele präzise formuliert.

Grundsätzlich lassen sich verschiedene Arten von Zielen unterscheiden werden: Kognitive, emotionale und konative Ziele. Kognitive Ziele beziehen sich auf Faktoren wie Wissen, Bekanntheitsgrad, Verstehen und Aufmerksamkeit. Emotionale Ziele beziehen sich auch das Fühlen, die Steigerung von Akzeptanz, das Image und die Sympathie, die einem Unternehmen entgegengebracht wird. Konative Ziele beziehen sich auf das Handeln, auf Verhaltensänderungen und auf Responseraten der Maßnahmen.

Im letzten Schritt der Phase „Plan" gilt es, die zukünftige Positionierung und die damit verbundenen Botschaften festzulegen. Was soll in den Köpfen bleiben? Was erzählen die Mitarbeitenden später in der Kaffeeküche? Botschaften verdeutlichen, wie sich die Ziele im Bewusstsein der Mitarbeitenden darstellen sollen. Dieser Schritt ist bedeutsam, um die Belegschaft auch emotional mitzunehmen und auf die kommenden Maßnahmen vorzubereiten. Auf diese Art und Weise wird eine Identifikation der Mitarbeitenden mit den Veränderungen erreicht.

Die Botschaften werden an die Lebenssituation der Mitarbeitenden angepasst, um über sie Sinn zu konstruieren. Wer Botschaften formuliert, sollte die Erwartungen, Ziele und Lebenseinstellungen der Menschen kennen, die er erreichen will. Botschaften beinhalten drei Elemente: den Kern, die Begründung und das Nutzerversprechen. Die Positionierung entsteht aus der Summe aller Botschaften, die in den Köpfen vorhanden sind. Deshalb dürfen Botschaften nicht widersprüchlich sein. Merke: Nicht kommunizieren geht nicht, nicht positionieren geht deshalb auch nicht!

▶ Im Ergebnis der „Plan"-Phase sind die Bedürfnisse der Mitarbeitenden zusammengefasst, das Unternehmen durch Botschaften positioniert und Ziele der angestrebten Entwicklung klar formuliert und gewichtet.

4.5 Dritter Schritt „Build": Maßnahmenentwicklung

In der Phase „Build" werden konkrete Maßnahmen entwickelt, die auf die spezifischen Bedürfnisse des Unternehmens zugeschnitten ist. Die zeitliche Abfolge der einzelnen Maßnahmen wird in einem Meilensteinplan visualisiert. Für jede Maßnahme wird die begleitende Kommunikation festgelegt. Die Phase „Build" ist geprägt durch Entwicklung von Maßnahmen wie Workshops, Vorträge und Strukturänderungen. Es werden Unterlagen gedruckt, Prozesse entworfen, Systeme angepasst und Prototypen gebaut.

Maßnahmen bauen aufeinander auf Die Maßnahmenplanung folgt einer Dramaturgie. Für Maßnahmen zur Steigerung des Glücksempfindens in Unternehmen haben sich drei dramaturgische „Akte" bewährt: 1. Akt: Wissen, 2. Akt: Können, 3. Akt Wollen. Positionierung und Botschaften werden in wirkungsvolle Text-, Bild- und Aktionsideen umgesetzt, Workshops konzipiert und konkrete Medien- und Kommunikationskanäle ausgewählt. Denn: Nicht jede Maßnahme erreicht alle Mitarbeitenden. Deshalb werden für jede Maßnahme Einzelziele und die Gruppe von Mitarbeitenden benannt.

Erster Akt – Wissen: Im ersten Maßnahmenpaket wird die für Glück relevante Wissensbasis geschaffen. Dabei leiten Maßnahmen wie Trainings, Schulungen, Coachings und Informationsweitergaben explorative Lernprozesse ein. Zum Beispiel sind für die Mitarbeitenden Fachvorträge zur Entstehung und Gestaltung von Glück denkbar; für Führungskräfte Vorträge oder Seminare zur Gestaltung von Glück, Teamarbeit und Mitarbeiterpotenzialen. Auf der Ebene der Geschäftsführung könnte beispielsweise eine Beratung zu den positiven wirtschaftlichen Effekten von Glück in Unternehmen erfolgen.

Zweiter Akt – Können: Im zweiten Paket werden die für Glück relevanten Fähigkeiten aller Mitarbeitenden aufgebaut und weiterentwickelt, um eine Handlungsfähigkeit herzustellen. Dazu gehören der Aufbau neuer Prozesse und glückfördernder Strukturen. Führungskräfte werden trainiert, sodass sie in der Lage sind, nach neuen Vorgaben zu führen. Gleichzeitig wird die Stärkenreflexion geschult. Auf der Organisationsebene werden in dieser Phase konkurrenzbildende Prozesse abgebaut, wenn sie in der Analyse als problematisch erkannt wurden. Gemeinschaftsfördernde Rahmenbedingungen werden geschaffen und das Leitbild eventuell erneuert. Alle Maßnahmen in diesem Akt zielen darauf ab, Fähigkeiten zu trainieren und Handlungsbarrieren abzubauen.

Dritter Akt – Wollen: Im letzten Paket wird Handlungsmotivation erzeugt. Dazu ist es notwendig, bestehende Ängste und Blockaden aufzudecken und die eigenen Werte zu reflektieren. Gemeinsame Werte, Normen und Einstellungen prägen die Entscheidungen und Handlungen einer Belegschaft. Um Werte und Verhalten von Mitarbeitenden nachhaltig zu beeinflussen, bieten sich Trainings in kleinen Gruppen oder Einzelcoachings an. Das betrifft insbesondere die Führungskräfte, die nicht nur als Vorbilder fungieren, sondern auch eine Multiplikatorenfunktion haben.

Aller Maßnahmen werden durch die interne Kommunikation begleitet. So wird gleichzeitig Transparenz bezüglich der Ziele geschaffen und eine Identifikation mit dem vermittelten Wissen ermöglicht. Für alle Maßnahmen gilt: integrierte Kontroll- und Feedbackschleifen ermöglichen Einblicke in den Stand der Entwicklung und sind wertvoll, um ggf. nach justieren zu können. Das können Clipping-Dokumentationen, einfache Medienresonanzanalysen, Teilnehmerzahlen bei Workshops, schriftliches Feedback oder Meinungsumfragen der Mitarbeitenden sein.

▶ Nach Abschluss der „Build“-Phase liegt ein Maßnahmenpaket vor. Dieses ist dramaturgisch getaktet und beinhaltet begleitende Kommunikationsmaßnahmen, die die Geschichte des Wandels erzählen. In einer Meilensteinplanung werden alle Schritte zeitlich geordnet, sodass ein transparenter Überblick entsteht.

4.6 Vierter Schritt „Run": Anwendung und Implementierung

In dieser Phase werden alle Maßnahmen durchgeführt. Workshops und Schulungen finden statt, Struktur- oder Prozessänderungen treten in Kraft. Neue Lösungen werden zunächst im Unternehmen verteilt und anschließend in alle Produkte, Zielsetzungen und Dienstleistungen integriert. So werden die positiven Effekte auch über die Organisationsgrenzen hinweg für z. B. Kunden und potenzielle neue Mitarbeiter sichtbar.

Zu Beginn der „Run"-Phase ist eine Auftaktveranstaltung günstig, um die Mitarbeitenden erneut anzuholen und alle über das weitere Vorgehen zu informieren. Nun werden die Maßnahmen durchgeführt und je nach Analyseergebnis vertieft. Dazu zählen auch Sensibilisierungsworkshops, Blogs und ähnliches zur Streuung von Wissen aus dem Bereich der positiven Psychologie. Strukturen werden so verändert, dass sie Rahmenbedingungen für Sinn, Selbstverwirklichung und Gemeinschaft schaffen und darüber Glücksempfinden ermöglichen.

Nach Abschluss dieser Phase wurden alle Maßnahmen umgesetzt, Schulungsmaßnahmen durchgeführt, Strukturveränderungen vorgenommen, Prozesse optimiert und die begleitenden Kommunikationsmaßnahmen vollendet. Es liegen sichtbare Ergebnisse vor. Nun kann der Erfolg evaluiert werden.

4.7 Fünfter Schritt „Verify": Erfolgskontrolle

In dieser letzten Phase findet die Evaluation der durch die Maßnahmen erzeugten Handlungs-, Verhaltens- und Erlebenseffekte statt. Dazu wird eine quantifizierbare Erfolgskontrolle über die standardisierte Messung aus der Phase „Analyze" durchgeführt. So wird geprüft, welche Erfolge die Interventionen bisher bewirkt haben. Soweit erforderlich werden Maßnahmen anschließend weiter optimiert. Für die Messung des Erfolgs sind die vorab definierten Ziele maßgeblich. Die drei zentralen Elemente der Erfolgsevaluation sind erstens die eigene Leistung und die der am Prozess beteiligten Stellen (Input), zweitens die Effekte der durchgeführten Maßnahmen (Output) und drittens das Prüfen der gewünschten Ergebnisse.

Die Leistung wird im Hinblick auf Fehlerlosigkeit und Vollständigkeit überprüft und bewertet. Die Prüfung der Effekte der durchgeführten Maßnahmen zeigt, ob die Mitarbeitenden tatsächlich erreicht wurde. Erfasst wird dieses quantitativ und qualitativ (z. B. Auswertung von Teilnehmerstatistiken, Feedbackbögen, Medienresonanzanalysen, Rankings). Die Prüfung der Ergebnisse zeigen, inwiefern das

Wissen, die Einstellungen und Handlungen und auch das Glücksempfinden der Mitarbeitenden beeinflusst werden konnten. Methodisch kann dies durch die empirische Sozialforschung gezeigt werden. Zum Einsatz kommen unter anderem Einzelgespräche, leitfadengestützte Interviews, Onlinebefragungen oder Imagestudien.

Gleichzeitig ist diese Phase durch die Routinisierung der Maßnahmen geprägt. Neue Prozesse werden verinnerlicht (Schreyögg und Eberl 2015, S. 141), Änderungen nun als „normal" akzeptiert. Der Kompetenzwandel ist vollzogen und nachhaltig. Die entstandenen Routinen, Bedingungen und Einstellungen bilden die Grundlage für einen neuen Zyklus des Lernens und der Wissenserweiterung im Unternehmen.

▶ Am Ende der „Verify"-Phase sind die Erfolge messbar und konnten nachhaltig verankert werden. Die Evaluation zeigt, wo nachgearbeitet werden muss. Die Implementierung sinnvoller Messinstrumente ermöglicht es, die Umsetzung der Glücksbedingungen zukünftig in regelmäßigen Abständen zu überprüfen und bei Bedarf zeitnah zu reagieren.

5 Schluss

Die Ergebnisse meiner Forschung zeigen einen Weg, Arbeit neu zu denken. Das ist dringend notwendig. Denn nach den vorangegangenen industriellen Revolutionen stehen wir zu Beginn des 21. Jahrhunderts erneut vor einem Umbruch. Demografischer Wandel und Zuwanderung, Digitalisierung und Globalisierung stellen die Gesellschaft vor immense Herausforderungen. Das gilt nicht nur, aber auch für die Arbeitswelt.

Das hohe Tempo der gegenwärtigen Entwicklungen macht es nötig, neue Maßstäbe für die Mitarbeiterführung zu entwickeln. Es braucht eine Führung 4.0, die der Dynamik Rechnung trägt. Eine herausfordernde Aufgabe! Wie soll man sie angehen? Und nach welchen Vorgaben? Dieses *essential* hat darauf erste Antworten formuliert. Es wurde skizziert, wie Arbeit in der Zukunft gestaltet werden kann, um den Anforderungen der nächsten Generationen gerecht zu werden und wachsenden Problemen wie Fluktuation und innere Kündigung sowie dem Anstieg von Depressionen und Burn-out-Erkrankungen zu begegnen.

Menschen arbeiten nachweislich besser, wenn sie glücklich sind. Und sie empfinden Glück bei ihrer beruflichen Tätigkeit, sobald drei Bedingungen gegeben sind: Sinn, Selbstverwirklichung, Gemeinschaft. Es braucht daher Managementkonzepte, die die Entfaltung persönlicher Talente und Potenziale im beruflichen Kontext ermöglichen – bei gleichzeitigen Überlegungen, wie die übergeordneten Ziele eines Unternehmens verständlich kommuniziert werden können. Nur so kann ein Gefühl von Kohärenz und Sinnhaftigkeit erzeugt werden.

Ein Wertewandel hat stattgefunden. Vor allem junge Arbeitnehmer sind stärker als die Generationen zuvor auf persönliches Glück am Arbeitsplatz fokussiert. Der Job ist nicht nur ein Mittel um Geld zu dienen – sondern soll Sinn stiften und die Chance zur Selbstverwirklichung bieten. 50 Prozent der 18- bis 29-Jährigen würden weniger Gehalt oder eine schlechtere Stellung akzeptieren, wenn ihrer Arbeit zu einem größeren gesellschaftlichen Ziel beitragen würde (KGW-Index 2009).

© Springer Fachmedien Wiesbaden GmbH, ein Teil von Springer Nature 2019

R. Rehwaldt, *Glück in Unternehmen*, essentials,
https://doi.org/10.1007/978-3-658-22761-6_5

„Mitarbeiter der Zukunft sind diejenigen, die an ihrer Einzigartigkeit arbeiten und ihren Job mit einem Selbstverwirklichungsziel verbinden", schreibt Zukunftsforscher Matthias Horx (2008). Die Konsequenz sind Karriere- und Laufbahnmodelle, die die Integration des persönlichen Lebensstils ermöglichen. Deshalb bleiben im Zeitalter der digitalen Transformation Sinnsuche, Selbstverwirklichung, Zugehörigkeit und Glücksempfinden zentrale Fragestellungen bei der erfolgreichen Führung von Mitarbeitern.

Bis 2030 könnten der deutschen Wirtschaft rund fünf Millionen Arbeitskräfte fehlen. Dadurch ist mit einem Wohlstandsverlust von 3,8 Billionen Euro zu rechen. Der Arbeitskräftemangel stellt das bisherige Verhältnis von Arbeitgeber und Arbeitnehmer auf den Kopf. Der Kampf um die klügsten Köpfe und die geschicktesten Hände wird sich weiter verschärfen. Besonders kleine und mittelständige Unternehmen haben es zunehmend schwer. Sie müssen einer aktuellen Umfrage der Bundesagentur für Arbeit zufolge inzwischen jede dritte Stellenausschreibung erfolglos abbrechen.

Arbeitsglück ist also längst kein „nice to have" mehr. Im Gegenteil: Ein stärkerer Fokus auf positive Emotionen kann Unternehmen helfen, sich selbst als attraktiver Arbeitgeber zu positionieren, die eigenen Mitarbeitenden nachhaltig ans Unternehmen zu binden und zugleich psychische Belastungen am Arbeitsplatz zu vermeiden.

Auf dem Weg zu mehr Glücksempfinden in Unternehmen ist eine Veränderung des Rollenverständnisses von Führungskräften erforderlich. Das spiegelt sich auch in den aktuellen Ansätzen der Führungsforschung wider. Das neue Rollenverständnis ist vorrangig durch psychologische und systemische Kompetenzen geprägt und entwickelt sich stark in Richtung Coaching.

Denn alles deutet darauf hin, dass die Belohnungskultur über extrinsische Motivatoren weiter an Bedeutung verlieren wird. Es reicht nicht mehr, mit Dienstwagen oder Firmenhandy zu winken und ansonsten alles beim Alten zu belassen. Wertvolle Fachkräfte müssen mit anderen Strategien ans Unternehmen gebunden werden. Das gilt für den Handwerksbetrieb, der händeringend Lehrlinge sucht, ebenso wie für den börsennotierten DAX-Konzern, der im internationalen Wettbewerb um Spitzenkräfte buhlt.

Arbeitsglück sollte daher zu einer Leitidee für Organisationen und Unternehmen werden. Denn ohne Glücksempfinden kein Erlebnis von Selbstwirksamkeit, keine nachhaltige Motivation, keine dauerhafte psychische Gesundheit. Das glückliche Unternehmen setzt nicht auf Einzelkämpfertum oder Konkurrenz mit Ellenbogenmentalität – sondern auf Sinnzusammenhänge, Stärkenorientierung und Gemeinschaftsgefühl.

Was Sie aus diesem *essential* mitnehmen können

- Zufriedenheit wird über extrinsische Anreize erzeugt, Glücksempfinden entsteht durch intrinsische Motivation
- Die drei Bedingungen für Glück in Unternehmen lauten Sinn, Selbstverwirklichung und Gemeinschaft
- Organisationales Glück ermöglicht Identifikation, wirkt positiv auf Motivation, Kreativität, Bindung sowie Stimmung und erzeugt darüber einen Leistungszuwachs.
- Die Steigerung von Glück in Unternehmen sollte als kontinuierlicher Lernprozess gestaltet werden, bei dem die gesamte Belegschaft mitgenommen wird
- Die fünf Schritte der Umsetzung lauten: Analyze, Plan, Build, Run, Verify

© Springer Fachmedien Wiesbaden GmbH, ein Teil von Springer Nature 2019

R. Rehwaldt, *Glück in Unternehmen*, essentials,
https://doi.org/10.1007/978-3-658-22761-6

Literatur

Bandura, A. (1997). *Self-efficacy: The exercise of control*. New York: W.H. Freeman.

Badura, B., Ducki, A., Schröder, H., Klose, J., & Meyer, M. (2012). *Fehlzeiten-Report 2012: Gesundheit in der flexiblen Arbeitswelt: Chancen nutzen – Risiken minimieren* (Fehlzeiten-Report). Springer: Berlin.

Bierhoff, H.-W., Lemiech, K., & Rohmann, E. (2012). Eigenverantwortung, Selbstwirksamkeit und freiwilliges Arbeitsengagement. *Wirtschaftspsychologie, 1,* 83–90.

Bryan, T., & Bryan, J. (1991). Positive mood and math performance. *Journal of Learning Disabilities, 24*(8), 490–494.

Bucher, A. A. (2009). *Psychologie des Glücks*. Weinheim: Beltz.

Diener, E., & Biswas-Diener, R. (2008). *Happiness: Unlocking the mysteries of psychological wealth*. Oxford: Blackwell.

Djamasbi, S., Remus, W., & O'Connor, M. (2004). Does mood influence judgment accuracy? *Proceedings of the IFIP TC8/W8.3 International Conference: Decision Support in an Uncertain and Complex World,* Prato, Italy, 213–222.

Erk, S. (2003). Emotional context modulates subsequent memory effect. *NeuroImage, 18,* 439–447.

Fischer, L., & Wiswede, G. (2009). *Grundlagen der Sozialpsychologie* (3., völlig neu bearb. Aufl.). *Wolls Lehr- und Handbücher der Wirtschafts- und Sozialwissenschaften*. München: Oldenbourg.

Forgas, J. P., & Bower, H. G. (1987). Mood effects on person-perception judgements. *Journal of Personality and Social Psychology, 53,* 53–60.

Fredrickson, B. L. (1998). What good are positive emotions? *Review of General Psychology, 2,* 300–319.

Frey, B. S., & Osterloh, M. (2000). *Managing motivation*. Wiesbaden: Gabler.

Fuchs, T. (2006). Gute Arbeit im Büro? Gute Arbeit und wahrgenommene Arbeitsqualität aus der Sicht von Arbeitnehmer/-innen im Büro. *INQABericht*, 21.

Gallup. (2014). Engagement Index Deutschland 2014. http://www.gallup.com/de-de/181871/engagement-index-deutschland.aspx.

Gräser, P., & Graser, P. (2013). *Führen lernen: Der Weg zur Führungskompetenz und zur persönlichen Karriere-Strategie*. Wiesbaden: Springer Gabler.

Isaksen, J. (2000). Constructing meaning despite the drudgery of repetitive work. *Journal of Humanistic Psychology, 3*(40), 84–107.

© Springer Fachmedien Wiesbaden GmbH, ein Teil von Springer Nature 2019

R. Rehwaldt, *Glück in Unternehmen*, essentials,
https://doi.org/10.1007/978-3-658-22761-6

Isen, A. M., & Means, B. (1983). The influence of positive affect on decision-making strategy. *Social Cognition, 2*(1), 18–31. https://doi.org/10.1521/soco.1983.2.1.18.

Isen, A. M., Rosenzweig, A. S., & Young, M. J. (1991). The influence of positive affect of clinical problem solving. *Medical Decision Making, 11*, 221–227.

Iverson, R. D., Olekalns, M., & Erwin, P. J. (1998). Affectivity, organizational stressors, and absenteeism: A causal model of burnout and its consequences. *Journal of Vocational Behavior, 52*(1), 1–23. https://doi.org/10.1006/jvbe.1996.1556.

KGW-Index. (2009). *Kelly Services: Generational Crossover in the Workforce – Opinions Revealed*. Kelly Global Workplace Index. https://www.kellyservices.com.au/res/content/au/smartmanager/en/docs/kelly_services_generational_crossovers_in_the_workplace_09.pdf.

Kirchler, E. (2005). *Arbeits- und Organisationspsychologie* (1. Aufl.). Wien: UTB.

Masters, J., Barden, R., & Ford, M. (1979). Affective states, expressive behavior, and learning in children. *Journal of Personality and Social Psychology, 37*, 380–390.

Rehwaldt, R. (2017). *Die glückliche Organisation: Chancen und Hürden für positive Psychologie im Unternehmen. Research*. Wiesbaden: Springer Gabler.

Runco, M. A. (1994). Creative and imaginative thinking. In V. S. Ramachandran (Hrsg.), *Encyclopedia of human behavior* (S. 11–16). San Diego: Academic.

Schrader, O. (2013). Drowning by Targets: Über den Sinn und Unsinn von Zielen. http://www.personalmanagement.info/hr-know-how/fachartikel/detail/drowning-by-targets-ueber-den-sinn-und-unsinn-von-zielen/.

Schulte, K. (2005). *Arbeitszufriedenheit über die Lebensspanne: Eine empirische Analyse zu den Ursachen für die hohe Arbeitszufriedenheit älterer Beschäftigter*. Lengerich: Pabst Science Publishers.

Seligman, M. E. P. (2009). *Der Glücks-Faktor: Warum Optimisten länger leben* (6. Aufl., vollst. Taschenbuchausg. der im Ehrenwirth-Verl. ersch. Hardcoverausg.). Bergisch-Gladbach: Bastei Lübbe.

Staw, B. M., & Barsade, S. G. (1993). Affect and managerial performance: A test of the sadder-but-wiser vs. Happier-and-smarter hypotheses. *Administrative Science Quarterly, 38*(2), 304. https://doi.org/10.2307/2393415.

Taylor, S. E., Lerner, J. S., Sherman, D. K., Sage, R. M., & McDowell, N. K. (2003). Portrait of the self-enhancer: Well adjusted and well liked or maladjusted and friendless? *Journal of Personality and Social Psychology, 84*(1), 165–176.

Thomson, W. F., Schellenberg, E. G., & Husain, G. (2001). Arousal, mood, and the mozart effect. *Psychological Science, 12*, 248–251.

Wright, T. A., & Walton, A. P. (2003). Affect, psychological well-being and creativity: Results of a field study. *Journal of Business and Management, 9*, 21–32.

Wrzesniewski, A., McCauley, C. R., Rozin, P., & Schwartz, B. (1997). Jobs, careers, and callings: People's relations to their work. *Journal of Research in Personality, 31*, 21–33.